U0635080

教育与传播·"近思"文献系列

丛书主编：肖 巍

当代国外社会思想要览

AN OVERVIEW OF CONTEMPORARY FOREIGN SOCIAL THEORY

乐 昕———编

天津出版传媒集团

天津人民出版社

图书在版编目(ＣＩＰ)数据

当代国外社会思想要览 / 乐昕编. —— 天津：天津
人民出版社，2024.7

（马克思主义学院望道书系 / 肖巍主编. 教育与传
播·"近思"文献系列）

ISBN 978−7−201−20399−7

Ⅰ.①当… Ⅱ.①乐… Ⅲ.①社会学—思想史—国外
—现代 Ⅳ.①C91−091

中国国家版本馆 CIP 数据核字(2024)第 107098 号

当代国外社会思想要览

DANGDAI GUOWAI SHEHUI SIXIANG YAOLAN

出　　　版	天津人民出版社
出 版 人	刘锦泉
地　　　址	天津市和平区西康路35号康岳大厦
邮政编码	300051
邮购电话	(022)23332469
电子信箱	reader@tjrmcbs.com
责任编辑	王佳欢
装帧设计	明轩文化·王　烨
印　　　刷	天津新华印务有限公司
经　　　销	新华书店
开　　　本	710毫米×1000毫米　1/16
印　　　张	10.75
插　　　页	2
字　　　数	140千字
版次印次	2024年7月第1版　2024年7月第1次印刷
定　　　价	78.00元

版权所有　侵权必究

图书如出现印装质量问题，请致电联系调换(022-23332469)

总　序

中国特色社会主义进入新时代，中国与世界的关系在已发生历史性变化的基础上又面临许多新变化新课题。中国积极推进"四个全面"战略布局，努力为促进世界可持续发展提供新动力新方案，积极推进全球治理体系和治理方式的变革。与此同时，为了保证中国发展坚持正确的方向，国家领导人发表了很有针对性也很有分量的讲话，并论证了新时代意识形态工作的极端重要性。在这些论述的指导和鼓舞下，意识形态领域出现了令人振奋的新气象。但是如何构建反映中国改革开放和现代化潮流、符合中国特色社会主义建设和发展需要的意识形态，仍然是我们要认真对待并积极做好的事情。

在当代中国，社会主义意识形态必须正视若干挑战：

一是由资本主导的现代生产生活方式的挑战。资本是这个世界上最强势的"物化"力量，科学技术的巨大成就标榜的所谓"价值中立""工具理性"和效用（功利）主义，往往使人们丧失了对为什么要这样做的价值追问。物质日益丰富和技术更新换代、生活标准的提高、消费观念的刷新，极大地改变了人们的生活方式和消费习惯，通过各种手段刺激起来的消费欲望也在吞噬着劳动的快乐，淹没了人的审美情趣和精神向往，导致出现相当普遍的价值迷失现象。

二是数字技术和网络传播方式的挑战。数字技术发展和网络传播方式的增多大大拓展了人们的视野，丰富了人们的精神生活，激活了人们的参与热情，也促使人们对公共话题的思维方式和表达方式发生了很大变化。信息选择多样性和价值取向多元化，在相当程度上冲击了主流意识形态的导向和控制力，弱化了大众尤其是青年人对主流意识形态的认同。网络强大的渗透功能也为各种势力的价值观传播提供了技术条件，"互联网+"时代意识形态建设和社会主义核心价值观广泛践行的难度不可低估。

三是全球化及其"逆袭"带来的外来思想挑战。冷战终结，直接导致人们对于苏联解体大相径庭的认知和解释，反映了价值观层面的严重困惑。在全球化跌宕起伏的过程中，西方价值观凭借着先进技术和话语权优势，通过各种政策主张有所表现而产生了不小的影响，但由于安全、气候、移民、核控等一系列全球治理问题陷入困境，地方性的民族认同和文化认同遭遇前所未有的危机，催生了新型民粹主义、民族主义和激进主义的思想温床，甚至出现了某些极端势力。

四是与我国发展转型改革开放不适应的各种社会思潮挑战。我国社会基本矛盾已经发生变化，发展不平衡不充分问题尤为突出，利益多元化和价值观疏离也已是不争的事实。文化保守主义刻意强调某些与现代化精神格格不入的东西，并把它们当作抑制现代病、克服人心不古的"良药"；历史虚无主义否定历史进程的必然性，否定中国现代化艰难探索和中国革命的伟大意义，否定中国共产党执政的合法性；发展转型还遇到创新能力、改革动力、政策执行力不足的困扰，出现了明里暗里否定改革开放的思潮，以及令人担忧的蔓延之势。

新时代中国特色社会主义致力于解决各种"发展以后的问题"，但相对于经济建设、制度建设作为国家建设的"硬件"比较"实"，文化建设、意识形态建设作为国家建设的"软件"仍然比较"虚"，意识形态建设能否取得实效，就要看其是否既能反映"发展以人民为中心"这个原则，又能用主流意识形态引领各种社会思潮，最大限度地满足人民群众，尤其是青年人的获得感、幸福感、安全感。实现意识形态的"最大公约数"，还要靠我们一起努力。

当代中国的意识形态建设毫无疑问要坚持社会主义方向，同时要体现中国特色，弘扬中国精神，还要拥有时代情怀，开阔全球视野。

这样的意识形态建设是自主的。中国特色社会主义实践蕴涵着丰富的思想内容，包括以人为本、发展优先、社会和谐、国家富强、天下为怀。这些内涵构成了充满自信的"法宝"，并以此增强主旋律思想的生命力、凝聚力、感召力，防止在与各种社会思潮的互动碰撞中随波逐流、进退失据，拥有中国特色社会主义建设者所应具备的思想素质和自信心，为实现中华民族伟大复兴提供值得期待的价值观愿景。

这样的意识形态建设是包容的。在改革开放和社会转型的过程中，各种思想思潮都有其存在的合理性，或将与主流意识形态长期共存，有交流交融也有交锋。我们必须充分了解它们的来龙去脉，以我为主、为我所用，积极加以引导，最大限度地凝聚思想共识，最大限度地发挥各方面的积极性。我们还应遵循"古为今用，洋为中用"的原则，有选择地吸纳、消化古今中外一切优秀成果，服务于意识形态建设这个目标。

这样的意识形态建设是中道的。各种社会思想思潮既有个性，又有共性。有个性，就有比较；有共性，就可以借鉴。这就要求我们在比较借鉴的基础上，取长补短，举一反三，中道取胜，同时警惕极端的、偏激的思想干扰。思想引领既要坚决，又要适度，避免"不及"与"过头"。既不能放弃原则，一味求和，害怕斗争，又不能草木皆兵，反应过度；既保持坚定的思想立场，也讲求对话交流的艺术。

这样的意识形态建设是创新的。与我国协调推进"四个全面"战略布局相适应，宣传思想工作切不能墨守成规，包括理论资源、话语体系、表达方式、传播手段等都要主动求"变"，主动利用现代传播手段，打造主流思想传播的新理念、新形象、新渠道、新载体。这就对在讲好中国故事的同时提供中国方案提出了更高的创新要求，即通过教育引导、舆论宣传、文化熏陶、实践养成、制度保障，使之有机融入意识形态工作的方方面面。

新时代中国特色社会主义的伟大实践正在"给理论创造、学术繁荣提供强大动力和广阔空间"。为此，我们推出这套意识形态建设基本文献读本（选编），并设定若干主题，包括当代国外经济、社会、政治、文化、科技、生态等理论和方法，以及与意识形态建设有关的领域的思想资源。我们尽量从二战后，特别是冷战终结以来的具有代表性的著述中选取资源，分门别类地加以筛选、整理。希望读者一卷在手，就能够比较便捷地对这些领域的观念沿革、问题聚焦和思想贡献有一个大概的了解。这套读本是复旦大学马克思主义学院学科建设的资助项目，同时也获得了上海市研究生思想政治理论课教学指导委员会的支持。这套丛书不单是关于意识形态建设的文献选编，也可以作为马克思主义理论学科建设、思想政治理论课教学、马克思主义学院研究生培养的参考用书，还可以作为人文社会科学相关学科、专业研究生教学和研究的通识教育读本。

　　是为序。

肖　巍

2019 年秋于复旦大学光华楼

目 录

Contents

选编说明

本书从意识形态建设视角对当代国外社会学思想进行汇编。

20世纪中叶前后，结构功能主义理论曾一度长期统治主流社会学理论。结构功能主义把普遍性带入社会的各个组成部门，这也是这一理论的核心优势所在。结构功能主义的代表人物塔尔科特·帕森斯在对经济的分析中指出，经济不过是一种特殊的社会系统，是社会的功能子系统，认为分析经济必须要结合经济学以外的非经济因素。在批判结构功能主义的理论中，C.赖特·米尔斯的激进社会学有非常大的影响力。在《社会学的想像力》一书中，米尔斯把一些至关重要但被其他理论框架埋没或忽视的问题拿出来进行深入研究，包括"这个时代的社会论题与个人焦虑""关于理性与自由"等主题，并强调狭隘的研究兴趣无法承载更宏大的理论构建与研究。J.C.亚历山大的新功能主义理论，则是对结构功能主义中的"普遍性"的重拾与深化。在《新功能主义及其后》一书中，他提出了后实证主义方案的四个基本假设，并借助话语概念对"普遍性"这一概念作了新的理解,即话语的说服力来自争论,而非科学式的预测。在结构功能主义学者当中,尼克拉斯·卢曼则将功能分析置身于对现实世界的认同问题上。在《信任:一个社会复杂性的简化机制》一书中,卢曼指出信任是日常生活得以维持的重要因素,复杂性的进一步增加需要简化复杂性的新机制,并且这种新机制是以语言和反思的自我意识作为普遍化和选择性的机制为基石的。

相较于结构功能主义的宏大理论视野,符号互动论则更倾向于在微观情境中思考问题,尤其致力于分析人们在参与交换时的动机等问题。乔治·H.米德在《心灵、自我与社会》中,分析"主我"与"客我"在微观情境中的能动性和相互作用,进而将他对整个宏观社会的理解构建在微观情境分析的基础上,这个微观分析基础就是社会伦理观来自个体对于这一事实的自觉认知。在互动与交换理论中,另一位更为读者们熟悉的学者是欧文·戈夫曼,他的《日常生活中的自我呈现》是社会学畅销著作。在书中,戈夫曼借用表演术语,如"表演""前台""剧班"等词汇,来生动演绎一个自利者对情境的利用。在互动与交换研究领域当中,除了符号互动论,还有一个更偏重于解释交换原则的理论,那就是社会交换与理性选择理论。彼得·M.布劳在《社会生活中的交换与权力》一书中研究分析了社会交换与经济交换的不同,强调社会交换唤起人们的义务感和信任感,这难以如经济交换那样去精确衡量,但这并不意味着社会交换就没有原则,社会交换是具有普遍性的原则的,它所要求的信任以一种自我调节的方式通过其自身的逐步扩展而产生。在互动与交换研究领域当中,詹姆斯·S.科尔曼的理论则更加理性化,假设人追求自身的最大利益,且具有控制和转让事件或资源的行动能力,以此来理解社会交换。从经济系统中的交换媒介——货币入手,他直指媒介的本质——信任,之后进一步分析社会系统和政治系统中的交换媒介,例如封闭社会系统内的地位。

在本书的第三部分中,我们摘录了行为与冲突领域的相关著作。在《人类行为的经济分析》一书中,加里·S.贝克尔运用经济分析来理解人类的行为,例如,他在分析人类的生育行为时,将成本、收入、效用、偏好等经济分析变量融入对人类生育行为的分析之中,从生育成本、家庭收入、子女的"回报"或"效用"、家庭生育偏好等方面分析家庭生育力。在社会冲突论方面,我们摘录了《社会冲突的功能》这本著作。李维斯·科塞在《社会冲突的功能》一书中展示了他对社会冲突所产生积极作用的研究和分析。例如,书中描述的"安全阀"制度就是一个典例。"安全阀"制度的使用会释放行动者的敌意,从而减少敌意的积累,使得毁灭性爆炸发生的可能性降低。在"安全阀"制度之下,冲突和对抗的发生也伴随了冲突双方对于潜在规范的某种肯定,这是社会关系调整得以实现的一种可能。在行为与冲突这一领域,本书还选编了弗洛里安·兹纳涅茨基和盖奥尔格·西美尔的研究作品。

本书的第四部分关注的是社会批判理论。与上述理论相比,社会批判理论更加积极地继承了马克思等理论家的批判传统。马克斯·霍克海默在《批判理论》一书中,对传统理论和批判理论作了区分,指出批判活动是一种以社会本身为对象的人类活动,并强调社会既是人类劳动的产物,又是人类给自己提供的组织的产物。赫伯特·马尔库塞在《单向度的人》一书中批判现代社会中人们丧失了批判的向度,包括独立思考、意志自由和政治反对权的基本批判功能。这些基本批判功能由于个人需要的几近被满足而逐渐失却。在现代社会中,个人就逐渐失去了辨别真实需要和虚假需要的能力。尤尔根·哈贝马斯在《作为"意识形态"的技术和科学》一书中指出,想要让现代社会中私人经济保持增值,需要国家不断改进起着周期性稳定作用的社会政策和经济政策。这意味着,现代社会不能仅用传统马克思主义政治经济学批判加以分析,因为社会制度框架发生了变化。本书还选编了马克斯·霍克海默和西奥多·阿道尔诺的研究作品。

本书最后挑选了两个当代议题,分别是现代性与后现代性和多元文化社会理论,列举了这两个议题中的几位代表者及其主要作品。

安东尼·吉登斯在《现代性的后果》中认为,现代性是在人们反思性地运用知识的过程中被建构起来的,人们能更好地控制自己的命运也不过是一个假命题。而对于后现代性,吉登斯认为其是"现代性开始理解其自身"。现代性追求毫无疑义的基础,而后现代性则指出理性反而否认这一基础的可能性,它充其量只能是暂时有效。乌尔里希·贝克在《风险社会》中更加详细地叙述了当代社会的运作逻辑:"工业社会"或"阶级社会"的运作逻辑是一种短缺逻辑,它牵涉着对财富的分配;而在晚期现代性下,支配逻辑渐渐转变为风险分配的逻辑;科学对于理性的垄断被社会理性打破了,商业、政治和伦理与科学结成联系,现实与非现实在风险中交织。在现代性与后现代性这一研究领域中,本书还选编了劳伦斯·E.卡洪、迈克·费瑟斯通的研究作品。

　　多元文化社会理论,包括女性主义、种族主义和民族主义等内容,是当下社会科学的热点议题。威尔·金里卡在《少数的权利:民族主义、多元文化主义和公民》中指出,承认少数群体民族主义和移民多元文化主义两者的合法性已经成为更大的自由文化主义运动的一部分,但全球化的确对少数群体民族主义造成许多新挑战,比如少数群体民族主义能否包容移民多元文化政策等。尽管整个西方对自由主义各种价值越来越趋于统一认识,但与此同时,少数群体对自治的要求也越来越强烈。因此,社会统一除了应当有共同的原则,更重要的是公民拥有共同的历史社会归属感。在多元文化社会理论这一研究领域中,本书还选编了戴安娜·克兰和朱迪斯·巴特勒的研究作品。

　　选编本书的初衷是服务于意识形态战线的广大工作者,以便其可以获得更加快速和便捷地学习了解当代国外社会思想的途径。需要说明的是,本书所选取的作品只是浩瀚当代社会学理论著作中的一小部分。尽管在著作和学者的选取方面,本书所选均为该学派或该领域的经典代表,但考虑到本书架构和篇幅的限制,以及对于中文著作的种种形式上的要求,有一部分非常重要的当代社会学理论学派及其经典著作或论文被遗漏了。诸多不足,敬请读者指正。

一

结构功能主义

1. 塔尔科特·帕森斯*等：经济是一种特殊的社会系统

　　对于现代西方经济的性质所作的经济的和意识形态的讨论,反复围绕的主要是"资本主义和社会主义之间的对立",它们强调的是生产过程支配的焦点问题。换言之,就是国家(或其分支机构)与"私人企业"的角色关系。

　　这种新说法的参照点指出私人企业常由财产利息,即资本资源占有者所控制。当然,人们广泛认为美国财产占有制的结构及其与企业控制之间的关系已发生了很大变化,特别是自从伯利和敏斯的著作发表以后,实证文献中已包含了大量的有关这些参照点的信息,以及说明。[①]然而我们仍然认为大多数经济学家的观点还停留在有关资本主义与社会主义的框架之上,即使"混合制度"相对稳定的观点已被广泛接受。

　　在最近的文献中,对此分析所作的最透彻的说明是舒姆皮特(通常译为熊彼特——选编注)的著作。[②]他对自由企业或资本主义的前途丧失信心,确信社会主义到来是不可避免的,他还没有因上述观点原则遭受批评。为了支持这种立场,他发展了有趣的社会学论点:资本主义的存在依赖于一个以成功企业为基础的"家庭王朝",它通过所有权,对重要生产企业进行控制,从

　　＊　塔尔科特·帕森斯(Talcott Parsons,1902—1979),美国社会学家,结构功能主义的代表人物。1927年在海德堡大学获经济学博士学位,从20世纪30年代开始,他将韦伯、杜尔克姆(或译迪尔凯姆、涂尔干)和帕雷托的著作介绍给美国社会学界,40年代末他提出"结构功能主义"学说或"社会行动与系统理论"。代表著作有《社会行动的结构》(1937)、《社会系统》(1951)、《经济与社会》(1984)。

　　①　参阅《国家资源报告》及《20世纪报告》。

　　②　参阅《资本主义、社会主义与民主》,1947年版。

而能够建立并维持其在社会中的精英地位。19世纪的欧洲(包括英国)就是这种模式适用的古典范例，其发展过程主要是新兴的资产阶级与旧贵族阶级之间的混合。因此,贵族以及那些能够世世代代(不是指私人)永久相传的家族单位的社会精英地位最终仍是经济成功的奖励。

舒姆皮特认为,在美国,相应工商集团的地位总是不稳定的,最近情况仍在不断恶化。在欧洲,老的贵族迅速地被社会化以及累进税制和其他措施所摧毁。因此,舒姆皮特认为社会主义是唯一可能得以维持的基本经济组织。

我们认为舒姆皮特没有意识到第三种可能性的重要。与以前的很多观点相反，我们认为以生存过程被资产占有角色支配为特征的"古典资本主义",并没有把经济从"政治"控制中完全"解放"出来,而是这种控制的一种具体方式。这符合于我们那种关于所有权基本位于政体之间的观点。

……

因此,就结构意义而言,资本主义的综合体是从仍然联接着门第与政治(包括财产)成分的"封建"结构的分化中衍生出来的。在传统上,这两种衍生物具有"政治"和"经济"的特征。虽然与封建背景进行比较时它是成立的,但"经济"这个术语一旦被理解为主要位于作为一个社会子系统的那种经济,我们就要怀疑这些特征的意义了。

……

当然严格地讲,社会的基本经济功能已长期在资本主义企业关系中发挥着作用。因此这种企业主要是"经济"企业。但是,在技术意义上它所控制的组织主要不是经济的。一种主要表现为经济形式的控制已发展起来,它在美国比在其他国家更加引人注目,但这只是自本世纪初以来。这是经济史所举的第一种实例。在这种情况下,从严格的分析意义上讲,经济目标和价值在经济过程的具体社会组织的广泛领域内，都明确地占据着首要地位。因此,它是社会进化过程已实现的功能分化的最高层次。很清楚它既不是(我们认为马克思主义所指的)古典资本主义,也不是那种认为应由国家接管经济功能的社会主义。

在经济著作中，对于经济发达社会的政府作用问题有许多相去甚远论述。我们注意到那种认为资本主义的自由企业与社会主义加起来总是得出一种给定的总和的趋向——资本主义自由企业存在越多，社会主义存在的就越少（并且没有第三种存在的可能）。还有一种有关的倾向认为，当政府发展时，经济中的分化组织就不能发展，反之亦然。的确，一直存在一种很少被明确的倾向。它认为政府"扩大"以后，私人企业必须按比例受到相应限制。我们认为这种信念是对社会发展性质的一种误解。

现代的经济模式是从一个分化程度较低的社会结构的一系列阶段中分化出来的。封建主义则是在一种结构中包括了以下所有成分：①至少包含其亲缘关系方面的模式维持系统，②包含政府和财产所有方面的政体，③经济。以上这些不同的功能相互不断进行分化。现代国家是这些分化结构的一例，现代经济（作为商业系统）是另外一例。虽然它们以错综复杂的方式相互渗透，但它们在结构上是有区别的。

在一种包含大规模量的增加以及结构分化的过程中，人们会期望，任何两个由总体社会不同功能领域所组成的分化子结构都应该不断增长。这与它们相互之间的不断分化并不是不相容的，它甚至会促进这种分化。"大政府"的发展是现代社会中一种引人注目的现象，它与非社会的经济的连续增长在原则上绝不是不相容的。①

现代经济符合于那种贯穿全社会的社会结构逐渐分化的模式，这有助于解释为什么所有权-经营权综合体与亲缘精英地位的融合没能在古典资本主义中生存下去，特别是在美国的条件之下。②按照社会学的观点，传统的

---

① 与其时代富有"经济"色彩的思想相反，杜尔克姆清楚地明白这种关系。参阅前引《社会的劳动分工》。

② 在欧洲，它仍广泛地存在着。也许尤其是在法国（参阅兰德斯在厄尔编辑的《现代法国》中的文章。）我们也感激皮茨先生关于法国经济结构的大量信息及深入介绍。在现代规模、技术发展等压力下，维持这种结构的困难可能是现代欧洲"动荡不安"的一个基本根源，其结构变化已经开始。这种变化最先在美国发生，在很大程度是由于那里没有根植于封建社会传统的默守成规的贵族统治。

欧洲贵族阶层是社会结构较高层次的一种功能非分化结构的典型。贵族地位的实质是扩散和概括其尊贵。贵族门第的成员资格不能仅仅被视为对某种具体的功能分化成就所作的奖励。主要因为它可能削弱这种优势的一般基础。一方面,通过门第关系继承这种优势的先赋基础得以继续坚持是因为分化不够。个人的优势不是来自其成就的具体分化,而是其门第关系中的成员资格。这种分层基础直接横切一个功能分化的社会结构。在其之中,行为主要是由职业角色而组成的。

因此,我们认为古典资本主义典型的家族财产的联合在本质上是暂时的、不稳定的。除非社会完全停止发展,经济和政治的分化注定要向着"官僚化"、向着经济和政体之间及所有权和控制权之间的分化,并最终向着作为模式维持系统一部分的亲缘关系的进一步分化而发展。也就是说它们不再作为一个处于未分化状态的功能群体。[①]当这一过程发展到一定阶段,贵族门第的陈旧形式就不能再维护那种无视成员当前功能行为成就的一般门第优势的门面了。

上个世纪,大规模的社会变化过程已经消弱了西方社会结构的原始堡垒。经济发展经历了古典资本主义,并且远远超过了它,正在开始一个新的过程。我们的社会不是一个未分层的社会,它没有任何成为这种社会的迹象,也绝不是传统欧洲意义的贵族社会。在一个短暂的历史瞬间,美国资本主义的出现开创了一个新舒姆皮特式的由工业界巨头组织的家庭"王朝"统治阶层。但这个时期早在本世纪早期就消逝了。不过从那以后,趋向是明确的——职业经理,而不是门第基础的资产占有者,才是美国经济结构的关键人物。[②]

……

---

　　① 关于美国家庭在事实上已成为这种社会结构进一步分化的单位,参阅《家庭、社会化与互动过程》第一章。

　　② 对当前美国阶级结构,包括这个阶级的一般概括,参阅帕森斯的《再论社会分层理论》(载于前引《社会学理论文集》),还可以参阅前引艾伦著作。

我们对有关经济学理论及其与一般社会系统理论的关系作了解说。为总结其中的一些理论思想，我们把自己以为已经提出过的一系列论点再列举一遍。

（1）经济学理论是一般社会系统理论的一个特例，因此也是一般行动理论的一个特例。在限定经济学理论的最一般的层次上，并不存在任何具体的经济变量。这些变量是一般行动理论的变量。经济成分有赖于限定特定的系统等级及其与有关情境关系的参数。这些参数连同一般变量的值限定了不同于各种非经济因素的"经济要素"。

（2）经济，作为经济学家通常使用的概念，是一种特殊的社会系统。它是范围更广泛的社会的一种功能子系统，这种子系统是经过社会的适应功能的专业化而从其他子系统中分化出来的。它是从同一基础中分化出的四个子系统之一，因此须搞清楚它们彼此之间的区别。我们还须将其区别于所有具体的集体，它们无论具有什么主要功能，通常总是多功能的。经济作为一种社会系统具有这种系统的全部属性：一个共同的价值系统，体制结构，适应、目标实现，统一和模式维持过程，等等。

（3）经济像所有的社会系统一样，超越它的界限与其情境进行投入与产出的交换。经济情境的最重要方面包括同一社会的其他同类功能子系统以及社会已制度化的价值系统。经济同非社会（"自然"）环境与促动因素（"人类本性"）的关系是通过这种情境来进行调节的，而不是独立于这种情境。

（4）经济同经济情境之间的交换不是随意分布的，但具体的投入与产出范畴所集中针对的是其他特定的同类社会子系统，在"开放"界限上，劳动力投入以及消费品和服务产出所集中针对的是模式维持子系统，资本投入以及生产率产出所集中针对的是政体，企业服务投入以及革新产出所集中针对的是统一子系统。具有特殊"封闭"界限的土地要素的情况是从对经济价值的承诺中推导出来的，这种承诺接受它与其他子系统和社会整体的价值系统的关系的限定。每次交换所涉及的特定非经济子系统的性质强制提出每条界限上的迫切需要。

（5）具体的经济过程通常受非经济因素的制约，这些非经济因素在社会的非经济子系统的参数特征中表现得最为明显。此点适用于经济界限上和经济内部的过程。不过，在多数情况下需要对非经济过程进行比较独立的运算。

（6）唯有确立一种经济学理论以外的理论体系，才可能成功地结合经济学理论对这些非经济因素进行分析。如果这些因素涉及人类社会、人格或文化的其他方面，那么这种理论体系至少在开始要依赖于行动理论的一个或多个方面；当然其他因素要用其他的现代科学来说明，比如说力学或者生理学。从科学意义上看，仅仅把这些非经济因素当作假设的已知数据不能令人满意。把它们当作"倾向"的产物，如经实证检验有效，则是向着正确的方向前进了一步，但只是一步。不过，这种解释易于退化为单一法则的简单解释。

（7）经济中的体制变化问题是论点6的一个特别引人注目的特例，因为经济体制变化的主要因素不可能是经济要素。

（8）经济学理论没有必要继续作为莫测高深的不确定理论"海洋"之中一个完全孤立的具体理论"小岛"。经济学理论必须被视为一组密切相关的理论中的一个重要成员。即便连接各个分支理论的一般行动理论发展得不太平衡，但我们可以把经济学理论相当精确地纳入一般社会系统理论。

选自［美］塔尔科特·帕森斯、［美］尼尔·斯梅尔瑟：《经济与社会——对经济与社会的理论统一的研究》，刘进、林午、李新、吴予译，华夏出版社，1989年，第255~260页、第275~277页。

2. C.赖特·米尔斯*:社会学的想像力

这个时代的社会论题与个人焦虑

我们的时代是焦虑与淡漠的时代,但尚未以合适方式表述明确,以使理性和感受力发挥作用。人们往往只是感到处于困境,有说不清楚的焦虑,却不知用——根据价值和威胁来定义的——困扰来形容它;人们往往只是沮丧地觉得似乎一切都有点不对劲,但不能把它表达为明确的论题。哪些价值受到威胁以及什么在威胁这些价值,这些都未被表述出来,总之,它们还没有成为结论,更远远未被作为社会科学的问题而陈述出来。

在 20 世纪 30 年代,除了一些希望破灭的工商界人士认为存在经济问题之外,人们几乎没有多少困惑,而经济问题也只是一些个人困扰的堆积。在这些关于"资本主义危机"的争论中,马克思的论述以及对他的著作未得正式承认的阐释或许规定了论题的主导论调,一些人开始用这些论调来理解他们个人的困扰。人们很容易发现哪些价值受到威胁,它们也被所有人珍视;而威胁它们的结构性矛盾也很容易发现。对这两种情形,人们的体验既深刻又广泛。那是个政治的时代。

---

* C.赖特·米尔斯(C. Wright Mills,1916—1962),美国社会学家,长期执教于哥伦比亚大学,文化批判主义的代表人物之一。代表著作有《性格与社会结构》(1953)、《权力精英》(1956)、《社会学的想像力》(1959),尤以后者最为著名,其强调社会学要加强对历史的研究,以及对社会心理的研究。

但在第二次世界大战后,那些受到威胁的价值既未被普遍承认为价值,亦未被普遍感受到威胁。许多个人的不安未被表述明确,许多公众的心神不安和具有重大的结构关联意义的决策从未成为公众论题。一些人接受了传承的价值,比如理性和自由,对他们来说,焦虑本身才是困扰,淡漠本身才是论题。这种焦虑和淡漠的处境,是我们时代的显著特征。

这一现象是如此引人注目,以致它常常被观察家解释为现在需予以阐明的问题类型已发生变化。我们常常被告知,我们时代的问题,甚至我们时代的危机,以及转移出外部的经济领域。现在,它们与个人生活质量又关联,这事实上还伴随一个疑问:是否不久将没什么东西能被恰当地称为个人生活。这些观察家所关心的,不是童工劳动而是漫画,不是贫困而是大众休闲。许多大的公众论题和私人困扰是根据"精神病学"来描述的——似乎往往是一种可怜而无用的努力,以避免现代社会大的论题与问题。这些描述似乎往往也仅依赖于对西方社会甚至只是美国的狭隘的兴趣,因而忽视了全人类的其他三分之二;这种描述还往往武断地把个人生活从宏观的制度中抽离出来,而生活正是在这些制度中表演的,有时,制度比童年时代的切身环境更严重地影响了个人生活。

社会结构中最具包容性的研究单位——民族国家

在我们这个时代,社会结构通常是在政治国家下组织起来的,从权力以及其他令人关注的方面来看,社会结构中最有包容性的研究单位是民族国家。在当今世界历史上,民族国家是一种主要的国家形式,同时,在每个人的生活中,它也是一个重要的事实。民族国家曾经在不同程度上,以不同方式分解和构成了几大"文明"和世界各大洲。它们扩张的程度和发展历程对于理解现代和当今的世界历史,都是一个重要的线索。在民族国家中,政治、军事、文化和经济等方面的决策和权力的手段都是组织化的。绝大多数人的公共与私人生活空间,即所有的制度和具体环境都被组织成为某一个民族国家。

当然,社会科学家不仅仅着眼于国家社会的结构,因为正是在民族国家的框架中,他们最经常地感到需要对大大小小的单位问题进行阐释。而其他的"单位",则很容易理解为"前国家的"或"后国家的"。这是很自然的,因为国家单位可能"属于"几大"文明"之中的一个,这就常常意味着它们的宗教制度是"世界宗教"中的一支。"文明"的这类事实,同其他事实一样,或许提供了比较民族国家在当代所表现出的多样性的方法。但是在诸如汤因比应用的事例中,"文明"似乎显得过于庞杂、含糊,并不适合作为首要的研究单位,以及作为社会科学的一个"研究的概念范畴"。

在选择国家的社会结构作为一般性的研究单位之时,我们采用了一个适当的概括层次:这一层次使我们得以避免脱离问题,同时又能包容在当代人类行为的许多细节和困扰中明显体现出的结构性力量。而且,选择国家的社会结构,使我们能够很容易地抓住公众关注的主要问题,因为正是在世界上各个民族国家之间及其内部,有效的权力手段,从而在某种程度上历史的创造,无论其好坏,被严密地组织起来。

显然,在运用权力创造历史方面,各民族国家的地位是不同的,其中一些十分弱小,须仰赖于别的国家,以致国内发生的事件只能从研究强权国家之中得到解释。但在我们对国家这一研究单位的有用分层中,以及在必要的比较研究中,这不过是另外一个问题了。同样,所有的民族国家间都有着相互影响,而其中一些国家溯及渊源,也都有着相似的传统。不过,对于我们可能选择的任何具一定规模的单位,这都是事实。而且,尤其自一战以来,每个民族国家都渐渐自立。

大多数经济学家和政治学家认为,他们主要的研究单位显然是民族国家;即便在研究"国际经济"和"国际关系"时,他们也必定针对不同的、特定的民族国家进行研究。人类学家的背景及其不懈实践的对象当然是社会"整体"或"文化",在他们目前作为对现代社会的研究中,他们自然而然地尝试将国家作为一个整体去理解,并获得了不同程度的成功。但对社会结构的观念缺乏牢固把握的社会学家——从更准确的意义上说是研究专家们——往往认为国家的庞大规模令人起疑。很明显，这是由于对"收集资料"的偏好造成的，而这些资料只有在较小规模的单位中，才可以不费更大代价地得到。这就意味着，他们所选择的研究单位与他们选择的问题所需要的研究单位之间是不协调的；与此相反，问题与单位，这两者都由他们所选择的方法决定。

关于理性与自由

我们正处于一个所谓"现代"的尾声。正如"古代"是由几个世纪的"东方优越时代"所承继（西方人狭隘地称之为"黑暗年代"）；目前的"现代"也正在被一个后现代时期所接替，我们也许可称之为"第四纪元"。

可以肯定地讲，一个时代的结束和另一个时代的开始只是一个如何"定义"的问题。但是如同所有社会性的东西，定义在不同的历史阶段也有其特殊性。现在，我们关于社会和自我的基本定义正在为新的现实所推翻。我指的不仅是人们以前从未在一代人之间如此彻底地面对如此日新月异、翻天覆地的变化；也不仅是我们感到自己正处于一个转折的年代，在力争抓住我们设想自己就要进入的新时代的概貌。我指的是，当我们力图给自己定位——如果我们确实如此做了——会发现有太多旧有的期待与幻象受着历史的束缚，有太多既帮助解释我们周围一切事情，又让我们困惑的思想与感情的标准范畴，原来是渊源于从中世纪到现代的巨大历史转变之中，当它们归纳出来用于今天，则变得有点笨拙，不合时宜，难以让人信服。我所指的还包括，我们主要的取向，即自由主义与社会主义，已在实际上趋于没落，不能完整解释社会及我们自身。

自由主义与社会主义这两种意识形态都来源于启蒙运动，并由很多共同的假定与价值。两者都把合理性的增进确认为自由增进的首要条件。理性推动进步的解放的观念，对科学乃是纯粹的美好事物的信念，对大众教育的需求和对大众教育之于民主的政治含义的信心，所有这些启蒙时代的理念都根植于自由与理性具有内在联系的乐观假设。那些对我们的思维方式影响很大的思想家们也正是在这一假设下积累他们的研究。这一假设存在于弗洛伊德各个研究阶段及其间的微妙差别中：要获得自由，个体必须在理智上更加清醒；精神治疗可促使理性自由地作用于个体生活。同样的假设也构成了马克思主义者著作的主线：处于非理性的生产无政府状态中的人们，必须清醒地认识到他们在社会中的地位，他们必须成为具有"阶级意识"的人，这种马克思式的观念与边沁所提出的术语一样，都是理性主义者的论调。

自由主义一直视自由与理性为有关个人的至尊之事，马克思主义则认为个人通过政治构建历史并于其中扮演一定角色的过程中，自由与理性是至高无上之事。现时代的自由主义者和激进主义者一般都相信：自由的个人以理性构建历史，以理性规划自己的生活历程。

但我则相信，当今世界正在发生的事却表现出如下情况：为什么在新的资本主义和共产主义社会中，自由与理性的思想往往显得那么模糊不清；为什么马克思主义如此经常地成为对官僚制滥用职权进行保护的乏味修饰物，而自由主义则成为掩盖社会真相的无关痛痒的手段。我相信，根据自由主义或马克思主义对政治和文化的解释，我们不能正确理解我们所生活时代的发展主流。这些思想产生于对目前已不存在的社会的反思。J.S.穆勒从未考察过当代资本主义世界新出现的政治经济体系，马克思从未分析过目前在共产主义阵营中出现的新型社会。而且他们两人也从未深入地思考过所谓的不发达国家中出现的问题，在这些国家，十个人中倒有七个要为生产而挣扎。现在，我们面对着新型的社会结构，这种社会结构拒斥根据传统的自由主义者和社会主义者的术语对之进行的分析。

从现代生发而来的第四纪元的意识形态的标志，是自由与理性的观念变得不那么确定了，是理性的增进并不必然伴随自由的增进了。

选自［美］C.赖特·米尔斯：《社会学的想像力》，陈强、张永强译，生活·读书·新知三联书店，2005年，第10~11页、第145~147页、第180~181页。

3. J.C.亚历山大*:新功能主义

后实证主义知识积累观

尽管阐释学、人文研究的方法对正统的实证主义提出了根本的修正,但是,它们的方法依然接受了实证主义的框架,而我们认为社会科学必须谨慎对待这种框架。在哲学上,这种道路导向一种极易受攻击的相对主义形式;在社会学上,它会导向对理性本身的一种危险的、削弱性的不信任。如果社会学要避免上述两种观点的困境,就必须提出一种既超越实证主义极端又超越反实证主义极端的替代性范式。

与上述两种方法相反,我们提出一种根本不同的模型来考察社会学知识的进步与退步。这种观点既回应了哲学家和科学史家对正统实证主义的有力批评,也回应了人文研究方法强加于社会知识积累的尝试上的严重限制。它指出,与人文研究不同,社会科学知识可以增长,而且从长期来看,它已经增长了。与此同时,这种观点认为知识前进与后退所具有的特点与传统的实证主义观有很大的不同。我们的后实证主义方案基于以下四个基本假设:

第一,我们认为,把社会学研究假定为一项沿着科学连续体(scientific

---

* J.C.亚历山大(J.C. Alexander, 1947—),美国社会学家,新功能主义理论的主要代表。代表著作有:《社会学的理论逻辑》(1983)、《新功能主义》(1985)、《微观–宏观之环》(1987年)、《行动及其环境:迈向新的综合》(1988)、《结构和意义》(1989)、《文化和社会》(1990)。

continuum)而进行的工作是有益的。这个科学连续体的一端是抽象的、概括性的、形而上学的因素,另一端则是具体的、经验性的、事实性要素,而科学话语的其他要素,包括意识形态、模型、概念、定律、命题、方法论假设和观察性陈述等,则位于这两端之间。尽管这个科学连续体的整体形式可能会更突出其中某一个要素的特点,但每一个社会科学陈述都包含对科学连续体中其他各要素的性质或含蓄或明确的承认,社会科学论争的性质和类型被这些要素的不同特点所限制,推动了专业发展的探讨和论争更关注某些特殊的要素,强调某些特定的话语。

第二,构成社会学基础的这些基本要素,不能以无限变化的方式来进行系统阐述。虽然社会科学家常常会接受某种阐述,而不需要自然科学意义上的那种过硬的、绝对的证据,但是,他们不接受在思想观念上缺乏证据和强有力尝试的立场,从指向普遍标准的意义上来说,这些尝试是理性的,而且它们最终必然要由开放的、自发的论争来证明。实际上,我们关注的焦点在于,重要的社会科学论争主要是关于价值判断的标准的,这些标准则是不同层次的话语所固有的(例如关于预先假设、意识形态、模型和方法的标准)。

第三, 在此我们借鉴了实用主义者强调实践经验的重要性的观点——在社会学思想的历史中,在每一个话语层次上,选择的可能性都受到了很大的限制。例如,按照对人性的预先假定,社会学系的学生总是被预先灌输了这样一种观念:人们的行为或按照工具理性(instrumentally rational)的方式,或依据道德准则或情感需要。意识形态话语的选择更受到历史的限制。但在现代, 至少能看到相对来说一贯保守的自由主义话语与激进话语的论争持续进行。至于有关社会模型争论的核心,则一方面是相对的偶然性或系统一致性,另一方面是系统中的相对动态与均衡倾向的对立。阐释方法与因果方法之间的冲突已制约了普遍方法论的论争。

第四,从原则上讲,虽然排列在科学连续体上的不同要素之间没有一种内在的关系,但是有一种明显的倾向,即由于某些约定(commitments),它们可以聚集在一起。这样一来,就没有经验主义或逻辑上强制性的理论原因把解释性方法论和这些约定结合起来,以达到对行动的非理性或非标准的理解。但是,对理论逻辑的"结构的"考虑绝不能被历史和经验的可能的"偶然性"所迷惑。在社会思想的历史中,不同的科学层次所作的约定并不是随机地相互关联的。用韦伯的一个术语来说就是,在一些理论约定之间,常常会出现"选择性亲和"。例如,社会冲突模式对激进的思想家比对保守的思想家更具吸引力,而自由主义思想家又比保守思想家更具备理性主义预先假定的特色。但是,有一种甚至更有力的偶然性因素我们必须考虑到,那就是:在不同的层次上,无论选择之间内在亲和(与选择性亲和相比)的纯粹逻辑可能性有多大,从事实践的社会科学家们通常都坚信确实存在着某种必然的联系,其原因就是社会科学实践在强有力的理论传统的表述中逐渐显露出来,而每一种传统都保证要使理论要素之间的关系处于严格的界定之中。

作为话语和解释的社会学

要捍卫普遍性理论,就必须承认社会学的理论无须具有一种直接的解释效应,从而产生科学的意义。社会科学家能否接受这个观点,首先取决于他们是否把社会学看作自然科学的一个萌芽状态,其次则取决于他们所设想的自然科学是什么样子。那些反对普遍化观点的人不仅把社会学等同于自然科学,而且把后者看作反哲学的、观测性的、命题性的以及纯粹解释性的活动。不过,希望接受普遍性社会学观点的那些人可能也把它等同于自然科学;但他们这样做的时候,却包含着库恩的范式革命的意图,主张非经验的和哲学的切入是自然科学活动的特征,并且经常对它产生决定性的影响。我在我的第一本书(《实证主义、预设和时下的论争》,1982 年)中,就是用这种方式来维护普遍化观点的。

这种以反对狭隘的解释性实证主义的观点来维护普遍化理论已被证明是很有限的。我认为,在回应这样一种观点的过程中,社会科学的从业者们肯定已经逐渐形成了一种更为成熟的对于科学的理解。因此,事实上一些经验主义阵营的研究者业已产生了对普遍性理论建构更大的宽容心。不过,由于后实证主义者强调自然科学中个人和主观的层面,他们已经无法解释科学的相对客观性及其在理解上令人惊叹的成功。这种失败使得后实证主义对社会科学的普遍化观点的捍卫遭到质疑。自然科学有它自身的诠释性,这一点无可非议。但是,如果这种主观性阻碍了强有力的普遍规律的建立以及实际知识的总的积累,那么即使是一种后实证主义的社会科学,它仍然还是要处于经验主义标准的单独衡量之下。不过,这个结论不一定可靠。在社会科学的争辩中,在深层次起作用的是标准而不是解释上的成功。跟自然科学相比,社会科学并非直接着眼于事实或者解释的论述俯拾皆是。因此,结论只能是,把社会科学等同于解释性的自然科学会产生误导。所以,捍卫社会科学中的普遍性观点不能完全依赖库恩对自然科学的重新界定。[当然,库恩本人可能会首先坚持认为,他对自然科学的重新界定并没有否定它的客观性和积累性的特征,而且社会科学基本上没有达到这样一种状态。]我们必须在关键的层次上将自然科学跟社会科学相区分。两者共享同一种解释性的认识论只是问题的开始,而并非结束。

……

科学可以被理解成一种诠释活动,我的意思是说,这不会导致任何科学学科内的科学活动被固着在特定的主题上。然而,恰恰是对科学活动的分配使一门学科具有了经验或理论上的相对"感觉"。甚至连直言不讳的后实证主义者都承认,当代自然科学有能力根据其研究对象除去其主观的驻足时,以此与其他类型的人类研究活动相区别。比如,霍尔顿尽管费尽心思地证明主观性很强的、超经验的"主题"(themata)深深地影响了当代物理学,但是他坚持认为他从来没有主张关于研究主题的争论应该被纳入"科学本身的实践当中"。相反,他认为"只有在这些问题都被清理出实验室之后,科学才开始出现极快的进步",甚至连地地道道的唯心论哲学家科林伍德,虽然坚持认为科学活动依赖于形而上学的假说,但是也统一"科学家的任务不是提出它们,而是仅仅把它们当作预设"。

……

不过我想说的是,社会科学的状况,使得要对经验知识的确切性质——遑论解释性的普遍法则——达成长期的一致,是几乎不可能的。因为基本立场之间的争论频发,所以社会科学背后的假设通常是摆在台面上的。普遍性争论所关注的就是基本分歧的原因及其结果。由于背后的假设显露无遗,所以普遍性争论成为社会科学争论的中心,其中心性跟(自然科学的)解释活动本身是一样的。因此,在社会科学中,对合法性的争论就不能只限于更多的经验关怀,而是贯穿在整个非经验研究之中。这些非经验研究使相互攻击的观点得以续存。

对这个观点,坚持实证主义立场的人会作出这样的回应,即处处凸显的分歧是自然科学和社会科学之间的差异的结果,而不是其原因。他们得出结论说,只要社会学家更忠实于自然科学的严密与谨慎,那么社会科学争论的普遍化和理论化的特点就将会削弱,分歧最终也会由此消失。然而,这种观点从根本上说是一种误解。出于认识知识和评价知识这两方面的原因,社会科学内出现广泛的分歧是必然的。

……

基于上述这些原因,话语(discourse)——而不仅仅是解释(explanation)——成为社会科学领域的一个主要特征。这里所说的话语,我指的是那些比常规的科学争论一向都要更加普遍化和更具思辨性的论述模式。前者以更具有学科性的态度为指导,以此来面对特定的经验事实、归纳逻辑和演绎逻辑、普遍法则下的解释、证实或证伪这些法则的方法。与之相较,话语则是推理性的(ratiocinative)。它注重推论的过程,而不注重直接经验的结果;在真理并非一眼可见的地方,它变得很重要。话语通过论证而不是预测来获得说服力。它的说服力建立在下面这些属性的基础上:逻辑的一致性、视野的开阔、解释的洞见、价值的涉入、修辞的效力、审美以及论述的条理等等。

市民社会

一个社会共同体是否能够制度化取决于对普遍主义价值观的信奉。在帕森斯看来,这就是说要在约束着角色关系的二元对立的模式变量中选择普遍主义的一面,而不是特殊主义;这是一个专门的"文化"层面的问题。以这种方式对普遍主义进行制度化,还包含着权力和利益的规范化控制是经由法律控制的模式而得以确立的。帕森斯相信,这些文化选择和新的控制模式之所以可能,是因为在现代性程度最高的社会中,价值高度普遍化了:这是对涂尔干集体意识的进一步抽象,不是对个体和集体行为进行精细的象征结构化,而是为类型截然不同的具体行为创建普遍化的指导规则。在社会共同体的法律秩序中,这就意味着程序规范将越来越重要。特殊的身份和不同的主张并不重要;相反,组织和权威受到委托,将以完全相同的方式看待所有的行动者,而不管他们个人的观点。

帕森斯对这种普遍的生活方式的制度化很有信心,而他对于大众教育的推广怎样影响了社会化的见解又巩固了他的信心。①帕森斯将"教育革命"描述为一种实践的启蒙。不过,这种观点产生了一个意料之外的结果,它使帕森斯在现代反对"语言学"的意义观获得了合理性,因为它主张在成年人的象征动机中神秘和随意的那些成分正在渐渐地消失。就像帕森斯观察到的那样,未成年人基本社会化的那段时间使现代公民权的价值观具有了一种推论的性质;而与此同时,由于社会化教育期限的不断延长,出现了这样一种发育的过程,即认知、情感和道德彼此逐渐分离,使它们变得越来越"合理"。在帕森斯看来,这些受过很高教育并具有反思能力的行动者,构成了宽容与融合在当代不断扩展的普遍性基础。控制了有侵犯性的心理冲动,约束了彼此冲突的互动,对受过教育的人不断明晰的规范可以使现代制度必然以一种开放

---

① 参阅特纳(1993)的探索性文章,它把帕森斯的教育革命理论放入关于社会变迁的当代争论中。

而不是狭隘的方式回应行动。排斥将成为社会发展早期阶段的遗迹。归属感与特殊主义,连带着它们反现代的内涵,都正在成为过去。

但是,如果与社会有关联的文化模式不能被认为仅是甚或主要是由于专门的危机和系统的需要而加以确定和选择的"价值",那么市民社会的文化就不能简单地用帕森斯认可的方式来加以抽象与概括。当然,我们也可以说普遍化的文化指向渐渐地越来越多,但这种普遍主义在新的规则和叙述构架——即我所谓的"市民社会的话语"——和处处存在的抽象规则中得到了同样的表述。而且,象征结构的这些模式使得无法再把普遍主义想象成仅仅是设置好公平的规范或者确定下程序性的法律规则。实际上,市民社会的话语永不可能以如此方式实现制度化,也正是这个原因,它为市民社会的约束和非市民社会的滥用提供了一面相互反观、并经常是开放性的镜子。①

选自[美]J.C.亚历山大:《新功能主义及其后》,彭牧、史建华、杨渝东译,译林出版社,2003年,第37~40页、第203~209页、第278~282页。

---

①   在此问题上,我觉得苏里(1992)在社会构成理论上的反文化立场值得商榷,虽然从别的方面来看,这部著作代表了新功能主义著作的很高水准。苏里认为,如果行动者被描述成为特定的文化观念而在社会正义和平等之间建立起联系,那么市民社会的独立权力——他特意把它跟法律领域的制度自主性联系在一起——就会出现妥协。正义只能有一个正式的、程式化的基础。相反,我认为,制度过程虽然肯定不能化约为特殊的象征规则和叙事,却总跟它们有很大的关系。因此,虽然苏里批评帕森斯在20世纪50年代执迷于社会化、价值和家庭的心理动力,我却在此批评他没有足够彻底地探究这些旨趣。反文化的观念,即公平和包容只能在程序的基础上运作,一定程度上是来自苏里跟哈贝马斯的接触,后者所说的话语伦理和法律程序为这样一种立场提供了最为持久的个案。这个立场还对科恩和阿拉托的市民社会理论产生了负面的影响(参见亚历山大,1994)。

4. 尼克拉斯·卢曼*:信任作为社会复杂性的简化机制

社会复杂性与功能性分析

在其最广泛的含义上,信任指的是对某人期望的信心,它是社会生活的基本事实。当然,在许多情况下,某人可以在某些方面选择是否给予信任。但是,若完全没有信任的话,他甚至会次日早晨卧床不起。他将会深受一种模糊的恐惧感折磨,为平息这种恐惧而苦恼。他甚至不能够形成确切的不信任,并使之成为各种预防措施的基础,因为这又会在其他方向上预先假定了信任。任何事情都会是可能的。在其最极端情况下,这种与世界复杂性的突然遭遇超出了人的承受力。

第一,我们可以把这一出发点看作一个事实,一个毋庸置疑的真命题。每一天,我们都把信任作为人性和世界的自明事态的"本性"①。在这个最基本的层次上,信心(Zutrauen)是世界的自然特征,是我们借以过日常生活的视域的必要部分,但它不是意向中的(因而是易变的)经验的构成因素。

第二, 我们可以把信任的必要性看作正确行为规则产生的真实和确凿

---

* 尼克拉斯·卢曼(Niklas Luhmann,1927—1998),德国社会学家。师从帕森斯,发展了社会系统论,也是一位"宏大理论"的推崇者,主张把社会上纷繁复杂的现象全部纳入到一种的理论框架去解释。主要著作有:《社会的社会》《社会的艺术》《社会的法律》。

① 这一概念不断重复出现在少得可怜的以信任为主题的文献中,参见 E.Diesel(1974),21ff.。

的根据。如果混乱和平息恐惧是信任的唯一抉择，那么就其本质而言，人不得不付出信任，尽管这不是盲目付出的，而只是在一定方向上付出的。①借这种方法，人们得到伦理法则或自然法则——一些本质上可逆转为反面的、其适用性有待商榷的原则。

第三个可能性是，设想并利用想象力把那种没有信任的实存的焦虑描绘出来。依此方式，你可以超越日常世界，通过哲学传统疏远日常世界的解释。对这种局限处境的洞察力，使心理学家和医生入迷，②更不用说现代著名的思想者了。其实，尽管令人头晕目眩的观念有其用处，也有可能有教益，但它们仍然是模糊不清的。

心理学和社会科学中的功能主义研究，在许多不同的方面近似于这种实存哲学的努力——特别是由于它对实体原则的拒斥，这就是为什么它不得不那么小心谨慎地避开这些哲学取向的原因。③因为功能主义的特征在于它独特的预先假设和研究视角。既然这些独特之处是有争议的，④那么我们就必须在审视信任的功能之前关注一下它的基本特征。⑤

功能分析并非是在确定的数据和可靠的知识之间建立联系，并以此获得进一步的知识，它最终与问题及其解决办法有关。因此，方法既不是演绎的，也不是归纳的，而是在相当特殊的意义上是启发式的（heuristisch）。问题是从维持行动系统持续存在的角度提出来的——或者更抽象地说：现实世界的认同问题。此外，定义也不再被视为本质或不变性问题，相反，它会被视

---

① 参见 N.Hartmann(1962),468ff.；B.Bauch(1938),67–74；F.Darmstaeder(1948),430–436(433)；H.Eichler(1950),111ff.；G.Stratenwerth(1958),78ff.。正如施特拉滕韦特在他讨论中指出的，只有一个人假设了一套普遍存在的价值体系，明确指明在哪里"是"变成"但是"，这种"是／但是"的争论才是有意义的。

② 参见 A.Nitschke(1952),175–180。

③ 马塞尔对问题（"probléme"）和奥秘（"mystére"）的二分法，提供了一个初步的、尽管尚不充分的取向，参见 G.Marcel(1935),162ff.。对于先验现象学以及功能分析的目的来说，这一取向是无用的，因为它将问题的概念指向了生产和占有的问题。这里的"生产"和"占有"主要作为一种密码，代表自我与世界的一种高度抽象的基本关系，前者代表独立变化的关系，后者代表相对不变的关系。

④ 参见 K.Davis(1959),757–772。他试图混合功能分析和因果分析，这给人以具有广泛说服力的印象。

⑤ 详见 N.Luhmann(1971),9ff.,31ff.。

为可变量之间的关系、系统与环境之间的关系。从这个视角看,问题及其解决方法,从在其他可能性的框架中特定位置得到其意义,而不是从某些假定的、不变的本质属性中获取其意义。这种或那种认同的"本质",是由可能取代它的其他认同的条件界定的。给定这种研究方式,那么功能分析的研究过程就向所有的可能性敞开。它应对复杂性的潜力似乎是无边无际的,许多不同的特征表明从所有方面应付复杂性的巨大能力,这种能力不见于那种应用社会团结甚或凝聚力①等基本思想的、日常或传统的对世界的理解。

……

因此,复杂性概念要以非常抽象的术语来定义。我们可以直接根据系统与环境的区别,而且根据系统现实化的潜力做到这一点。因而这一概念意指,通过系统形态开放的一系列可能性。②这暗示着,可能性的条件(从而边界)是可以指明的,世界就那样构成了,同时,世界包含的可能性,超出可能实现的可能性,因此,在这个意义上,它是一个"开放的"结构。从一个角度来看,世界与系统的这种关系可看作一个超载的、不断受到威胁的不稳定性问题。事实上,这是功能主义的系统理论的研究方式。从相反的视角看,同样的处境表现为一种"较高的"秩序,这种秩序的构成,是通过在世界中系统的形成而减少复杂性,这又提出了一个选择效率的问题。后一种研究方式是控制系统理论

---

① 这些不同的特征包括以下方面:
　　(a)所有的功能表达与特殊的行为系统相关才是有效的,而系统的数目是庞大的;
　　(b)一个单独的行为可以属于几种系统,因此系统可能以非常复杂的方式互相联系;
　　(c)对于系统的功能分析,不仅试图揭示显性功能(有意识的行为目的),而且也特别重视隐性功能;
　　(d)功能分析在考虑行为的功能性结果的同时,也考虑行为的不良功能,并将后者作为进一步分析的起点;
　　(e)它是一种比较方法,其先决条件是拒绝日常生活中先验的(Vorbedingung)类似与比较关系,通过把对类似性的判断从对象转移到功能,这种方法表明,最异质的现象,从其特殊结果的观点看,是功能等价的。
　　从整体上看,这些特征表明,功能方法,由于研究处在单纯兴趣和目的之外或之下的东西,因而原则上超越了行动视角的局限,而且达到较大的复杂性。
② 因此复杂概念可以与欧洲古典哲学的实体概念相比较。但是当时,"实体"在概念上与"形式"有关,而复杂性概念则以选择手段简化的系统为先决条件。

的思考方法。

世界上每一种实在的系统,无论是由物理单元或生理单元构成的,是由石头、植物构成的,还是由动物构成的,对它来说,世界都是极度复杂的。世界的可能性超出系统对其反应能力所及的范围。一个系统在选择性构成的"环境"中确立自己,而且将在环境与"世界"的脱离情况下瓦解。然而,人类,而且只有他们,意识到世界的复杂性,因而意识到选择其环境的可能性,因而提出自我保存的基本问题。人类具有理解世界的能力,能够看到各种替代选择、各种可能性,能够意识到自己的无知,能够意识到自己是必须作出决定的那个人。这种世界略图和个人的意识,对于他自己系统的结构和行为基础来说,都是不可或缺的;他能够体验其他的人,而就那些他人而论,他们同时也正体验到对他来说只是一种可能性的东西,那些人正在为他传递世界,正在把他看作对象,而且通过采纳他人的观点,这使他有可能确认他自己。

因此,以这种方式展示世界,而且在世界中分辨意义和自我的存在,是唯一可能的,因为我们求助于一个全新的复杂性维度,即我们体验和理解的其他人主体的"类我性"(Ichhaftigkeit)。由于其他人有他们自己对世界的第一手进入,而且它们以不同的方式经历事情,他们也许因而成为我的根本不安全的根源。除了大量的不同种类的实在对象和在时间历程内它们丰富的多样性之外,世界的复杂性通过这一社会维度进一步提高了,这一社会维度并非简单地作为某种客观的东西,而是作为另一个自我(andere Ich)浮现在人的意识之中。这就是为什么复杂性的进一步增加需要简化复杂性的新机制——当然,首先需要语言和反思的自我意识作为普遍化和选择性的机制。

选自[德]尼克拉斯·卢曼:《信任:一个社会复杂性的简化机制》,瞿铁鹏、李强译,上海人民出版社,2005年,第1~8页。

二

互动与交换

1. 乔治·H.米德*：心灵、自我与社会

"主我"与"客我"在社会活动中的融合

在人们全都试图援救某个溺水者的情境中，有一种同心协力的感觉，一个人受其他人的刺激而去做他们正在做的事。在那些情境中，人有一种与全体密切相关的感觉，因为他们的反应本质上是相同的反应。在集体工作的情况下，个体与群体有一种认同；但在这种场合，一个人正在做的事有别于其他人，虽然其他人所做的事决定了他要做的事。如果事情进展顺利，也可能像其他情境一样存在某种高昂情绪，并且仍然存在直接的控制感。在"主我"与"客我"能在某种意义上融合的地方，出现宗教态度、爱国态度所特有的高昂情绪，在这些态度中，某人在他人身上唤起的反应亦是某人在自身唤起的反应。现在，我想更为详细地谈谈"主我"与"客我"在宗教态度、爱国精神和集体工作中的融合。

在普遍的睦邻概念中，包含一组友善与乐于助人的态度，使得某人的反应在他人和他自身唤起同样的态度。因而"主我"与"客我"的融合导致强烈

---

　　* 乔治·H.米德（George H. Mead，1863—1931），美国实用主义和当代社会心理学创始人之一，也是美国实用主义芝加哥学派创始人之一。毕业于奥伯林学院。他的同事和学生在其去世后将其讲稿、速记稿和札记整理出版，代表著作有：《当代哲学》（1932）、《心灵、自我与社会》（1934）、《19世纪思想运动》（1936）、《行动哲学》（1938）。

的情绪经验。这种融合所涉及的社会过程越广泛,所产生的情绪反应便越高昂。我们在每天工作当中,坐下来和朋友玩玩桥牌,或纵情于其他娱乐。这样打发了一个小时,然后我们继续干活。但是,我们置身于整个社会生活之中,它把各种义务加在我们身上,我们必须在各种不同情境下维护自己的权利,那些因素全都处于自我背后。不过在我刚才提到的那些情境下,处于背景中的东西与我们全都在做的事融为一体。我们认为这便是生活的意义,并且体验到一种高昂的宗教态度。我们形成大家一致的态度,如果大家都属于同一个共同体的话。只要我们能保持那一态度,便暂时摆脱了控制感,这种感觉笼罩着我们大家,是因为我们在艰难困苦的社会条件下所必须履行的种种责任。这是社会活动的正常情境,它的问题深深藏在我们心里;但是在宗教情境中,似乎大家都提高到承认所有人属于同一群体的态度。某人的利益也是大家的利益,个体之间完全认同,而在个体自身则是"客我"与"主我"的融合。

在这种场合下"主我"的冲动是睦邻与友善。人们把面包给予饥饿的人。正是我们全都具有的那种社会倾向引起某种反应:人们想要给予。某人有一张数额有限的银行存单,他不可能把他的全部积蓄给予穷人。但是在某些宗教情境下,在具有一种特定背景的群体中,他可能采取那样做的态度。给予是由更多的给予引起的,他可能没有多少可以给人,但他乐于把自己的所有全部给人。这里是"主我"与"客我"的一种融合。"客我"不是为了控制"主我"而存在,但已经形成这样的情境,在他人身上唤起的态度刺激某人去做同样的事。爱国主义的高昂情绪便体现了这样的融合。

……

下面我想用另一个方法讨论"主我"与"客我"的融合,即通过对物理对象与作为社会对象的自我的比较来讨论。

我说过,"客我"代表行动发生的情境,而"主我"是对该情境的实际反应。这种情境与反应的两分离是任何智能动作的特征,哪怕该动作并不包括这一社会机制。有一种确定的情境,它提出一个问题,然后有机体通过组织所涉及的各种不同反应对该情境作出反应。我们日常在房间里不同物件之间走动,穿行于森林中、汽车之间,都必须对各种活动作这样的组织。当下的刺激势必唤起极为多样的反应,但是有机体的实际反应是对这些倾向的一种组织,而不是调停所有其他反应的单一反应。某人没有坐在椅子里,没有拿起书,没有打开窗,也没有做当他走进房间时在某种意义上诱使他去做的各种各样的事。他做了件特别的事:他也许走到书桌边找出一张纸而没做其他的事。然而那些物体对于他来说存在于房间里。椅子、桌子、窗子本身存在着,因为通常他要用这些东西。椅子在他的知觉中的价值是属于他的反应的价值,因此他绕过椅子,经过桌子,离开窗子。他环顾了一下房间,看了物体的放置,就能够实际走到放着他正要找的那张纸的抽屉边。这一环顾是达到他正在寻找的目标的手段,而椅子、桌子、窗子,全都作为对象被他尽收眼底。在某种意义上,人们不会以完全的方式对物体作出反应。如果在你步入房间的瞬间,你不知不觉坐在椅子上,不会更多地注意到这椅子;同样,当你看出远处一个物体是椅子并朝它走过去的时候,你也并没有把它看成是椅子。在后一种情况下,存在着的椅子不是你坐在上面的椅子,而是当你果真坐下去时将会接纳你的东西,而那就给了它作为一个物体本身的特征。

这样的物体被用来构成一个范围,使得远物也可即。从时间的角度说,当某人通过某个必须先予完成的在先的动作而实现一个比较远的动作时,出现同样的结果。在智能行动中始终进行着这样的组织。我们根据自己准备做的事组织范围。可以说,从抽屉中取出纸和为了实现这一目标而穿过房间之间有一种融合,而且它是我前面提到过的那种融合,只有在宗教经验这样的实例中才会在社会调停中发生的那种融合,而在这一作用过程中的对象是社会性的,因而代表了一个不同的经验层次。不过其过程是类似的:在我们与其他个体的联系中我们之所以是我们,因为我们用其他个体的态度对待我们自己,以致我们被自己的姿态所刺激,恰如一把椅子之所以是椅子,是由于它诱使人们坐下;椅子是我们可以坐上去的东西,可以说,是一个物理的"客我"。在一个社会的"客我"中,所有其他人的各种不同态度表现在我们自己的姿态中,代表了我们正在社会合作活动中发挥的作用。于是我们实际做的事,我们说的话,我们的表情,我们的情绪,便是"主我";不过它们与"客我"融合在一起,正如与屋内物件有关的一切活动都与通往抽屉的路及取出那张纸融合在一起一样,在那个意义上,这两种情境是相同的。

　　……

　　"客我"与"主我"的关系是情境与有机体的关系。提出问题的情境是对之作出反应的有机体能够了解的,而融合发生在动作中。如果某人确切知道他正打算做的事,他可以从"主我"出发看待它。于是他把整个过程干脆看作达到已知目标的一系列手段。也可以从手段的观点看待它,于是问题似乎是在一系列不同目标中作出选择。某一个体的态度唤起这种反应,另一个体的态度唤起另一反应。存在各种各样的倾向,而"主我"的反应将是把所有这些倾向连在一起的反应。不管是从某个必须加以解决的问题的观点看,还是从在某种意义上根据其行动决定其范围的"主我"的观点看,融合都发生在动作自身中,在动作中手段表现了目的。

理想社会发展中的障碍与前景

　　个体觉得最容易把他自己的行为与其他个体自我的行为结合在一起的社会情境是这样的:所有个体参与者都是特定人类社会整体中无数个社会职能群体(分别为各种特殊的社会目标和意图而组织起来的群体)中的某一群体的成员;在其中,该个体和其他个体都作为这一特殊群体的成员发挥他们各自的能力(当然,任何特定人类社会的每一个体成员都属于更多个这样的不同职能的群体)。相反,个体觉得很难把他自己的行为与其他人的行为结合在一起的社会情境是这样的:他和其他个体分别作为两个或更多个具有不同社会功能的群体的成员而行动,这些群体各自的社会目的或利益是对立的、冲突的或大相径庭的。在前面那种普遍的社会情境中,各个体对其他个体的态度本质上是社会的;而所有这些个体相互之间的社会态度的结合,体现(或者有可能多少完全地实现)任何社会情境关于组织、统一、协调和整合有关的几个个体行为的理想。在任何这样的社会情境中,个体在他与特定社会职能群体的所有其他成员的联系中实现他自身,并且在与所有其他个体的不同职能的联系中履行他自己的特定的社会职能。他采取所有其他个体对他自己采取的和他们相互之间采取的社会态度,据此控制他自己的行为举止,把自己同该情境或该群体结为一体,因此在他与其他个体的关系中没有丝毫竞争或敌意。相反,在后面那种普遍的社会情境中,每个个体对其他个体的态度本质上是非社会的即敌意的（虽然这些态度在基本的非伦理的意义上无疑也是社会的,是社会地产生的）,这样的情境非常复杂,使得涉身于其中任何一个情境的不同个体之间根本不能建立共同的社会联系,或者,只有经过长期曲折的相互顺应过程才能建立这样的联系。因为这样的情境缺乏为所有个体所共有的共同群体或社会利益(它没有共同的社会目标或意图可以表征它,并用来统一、调整、协调所有个体的行动;相反,在那个情境中,那些个体为种种不同的、多少冲突的社会利益或目的所推动)。这种社会情境的例子,有些涉及资本与劳工之间的相互作用与联系。在那里,一部分个体按照他们作为资本家阶级的社会职能行动,这个阶级是现代人类社会组织的一个经济侧面;而另一些个体则按照他们作为劳工阶级的社会职能行动,劳工阶级是那一社会组织的另一个(社会利益直接对立的)经济侧面。这种社会情境的其他例子有,所涉及的个体彼此处于生产者与消费者、买主与卖主的经济关系中,并且按照他们各自的社会职能本身行动。不过即使这种普遍形式的社会情境(包括涉身于这样一个情境中的个体之间的复杂社会对抗和不同的社会利益,各自缺乏为那些个体所共有的共同社会目的和动机进行调整、整合、统一的影响),即使这些社会情境,当出现在一般人类社会经验与行为过程中时,也是那整个过程一般关系形式的确定的侧面或组成部分。

因此,对于建立在我们至今所讨论的自我理论的基础上、得到最充分表现的社会秩序来说,必不可少的是将在所有个体身上发现的共同态度的一种组织。可以料想，这样一种态度的组织可能只涉及那个抽象的人，他在所有社会成员身上都是同一的，而个体的人格所特有的东西则将会消失。"人格"这个词意味着，该个体身上有某些共同的权利和价值观；但是在个体的那种社会资质之上，还存在把他与其他任何人区别开来，使他是其所是的东西。这是个体最珍贵的东西。问题是那个东西能否传递到社会自我上去，或社会自我是否将仅仅体现在一个大共同体中对他来说可能是很平常的那些反应。根据我们已经给出的说明，我们不必接受后一种选择。

……

个体能在多大程度上承担共同体中其他个体的角色，取决于许多因素。共同体可能在范围上超出该社会组织，可能超出使这种认同成为可能的社会组织的范围。最明显的例证是经济共同体。它包括某人可在任何环境下与之进行贸易的所有人，不过它代表了这样一个整体，在这个整体中，对所有人来说，采取其他人的态度几乎不可能。普遍宗教的理想共同体是这样的共同体，在某种程度上可以说它们是存在的，不过它们暗含着某种程度的认同，而那是共同体的实际组织所不可能实现的。我们经常发现，在一个共同体中存在着等级，使得人们不可能采取其他人的态度，虽然他们事实上影响着其他人并受到其他人的影响。人类社会的理想是这样的，它能使人们的相互关系变得亲密无间，使必要的交流方式得到充分发展，使得执行自己的独特职能的个体能够采取他们所影响的其他人的态度。交流的发展不只是一个抽象观念的问题，而是把人的自我置于其他人态度之中的过程，通过表意符号进行交流的过程。记住，对于表意的符号来说必不可少的是，影响他人的姿态应该以同样的方式影响个体自身。只有当某人给另一个人的刺激在他自身唤起同样的或类似的反应时，该符号才是一个表意的符号。人类的交流通过这样的表意符号进行，问题是组织一个共同体使之成为可能。如果交流方式可以在理论上得到完善，那么个体将以他影响其他人的一切方式影响他自身。那也许是交流的理想，在符合逻辑的话语中达到的理想，只要它能被理解。这里，所说的话对某一个人所具有的意义和对任何别的人一样。

普遍话语于是成为交流的规范的理想。如果交流能够进行并达到完善，那么就会存在我们所说的那种民主，使得每个个体都会在自身作出他知道他在共同体中引起的那种反应。这就使表意的交流成为共同体中的组织过程。这不只是转递抽象符号的过程；这始终是社会动作中的一个姿态，它在个体自身引起它在其他人身上引起的同样的动作倾向。

在某种意义上，经济社会和普遍宗教从两个方面接近了我们所说的人类社会的理想，但是这个理想绝没有充分实现。在民主型的单一共同体中，那些抽象概念可以放在一起。拿现存的民主来说，还不存在使个体能够置身于他们所影响的人的态度之中的那种交流的发展。于是出现一种拉平现象，以及对这种现象的过分赞誉。这种拉平不只是共同的，而且是完全同一的。只要个体不能采取他们在履行自己的特殊职能时所影响的那些人的态度，人类社会的理想便不能实现。

选自［美］乔治·H.米德：《心灵、自我与社会》，赵月瑟译，上海译文出版社，2005年，第213~214页、第216~219页、第249~251页、第253~254页。

2. 欧文·戈夫曼*：日常生活中的自我

表演中的信任

当个体扮演一种角色时，他便不言而喻地要求观察者认真对待在他们面前建立起来的印象。要求他们相信，他们所看见的这位人物实际拥有他好像拥有的品行，要求他们相信，他所做的事情将具有自不待言地要求有适于它的那种结果，总之，要求他们相信，事情就是它们看上去的模样。与此相一致，有一种流行的看法认为，个体"为了其他人的利益"而呈现表演并装腔作势。把问题倒过来，查看个体自己试图在他所处于其间的那些人那里所造成的现实印象的问题，以这种方式开始探讨表演将是便利的。

在一个极端上，人们发现，表演者可能完全为自己的行动所欺骗；他能真诚地相信，他所表演的现实印象就是真正的现实。当他的观众也如此相信他所外露的模样时——这看来是典型的情况——那么，至少暂时只有社会学家或社交心境不佳者，才会对所呈现之事的"真实性"有所怀疑。

在另一个极端上，我们发现，表演者也许根本不为自己的常规程序所欺。这种可能性不难理解，因为要识破表演者所呈现的行为，没有一个观察

---

　　*　欧文·戈夫曼（Erving Goffman，1922—1982），美国社会学家，符号互动论代表人物。1962—1968 年任加利福尼亚大学伯克利分校社会学教授，1968 年在宾夕法尼亚大学任本杰明·富兰克林人类学和社会学教授。1981—1982 年任美国社会学协会主席。1945—1951 年间曾在设得兰群岛进行实地调查，并写出其重要著作《日常生活中的自我呈现》（1959）。

者能立足于比呈现行为的人更为有利的位置上。与此相应,表演者受到促动而左右观众的信任的行为,也许不过是他用来达到其他目的的一种手段罢了,至于观众对他或对情景所具有的看法,他则毫不关心。当个体不相信自己的行动,并根本不在乎观众是否信任时,我们可以称他为玩世不恭(cynical),而把"真诚"这个词留给那些相信由自己的表演而建立起来的印象的个体。应该理解,玩世不恭者尽管不为职业所拖累,却可以从他的伪装中获得非职业的乐趣,他能随意戏弄那些观众所必须认真对待的事情,以之为自娱,从中体验到一种令人兴奋的精神攻击。①

　　当然,这并不是认为,所有玩世不恭的表演者,都是为了所谓的"自身利益"或个人获益的目的而对哄骗观众怀有兴趣。一个玩世不恭的表演者,也许是为了他所视其为观众的益处,或者是为了集体的好处而哄骗观众。为了证明这点,我们大可不必如此严肃地诉诸于像马可·奥勒留②或荀子那样的启蒙者。我们知道,在服务行业中,那些在别的情况下也许是真诚的开业者,有时因顾客由衷地表现出的要求而被迫哄骗顾客。那些不得不说宽慰话的医生,那些顺从地为女驾驶员一遍又一遍检查车胎压力状况的汽车加油站的服务人员,那些出售合脚的鞋、告诉顾客这正是她想要的尺寸的店员——这些人都是玩世不恭的表演者,他们的观众不会允许他们真诚。同样,精神病病房中的一些有同情心的病人,有时会装出一些离奇古怪的症状,让实习护士不至于因他神志清醒时的表演而感到失望。③还有,当下级给予来访的上级以最

----

　　①　也许,骗子的真正罪过不在于他从受害者那里拿走了钱物,而在于他夺走了我们所有人的如下信念:中产阶级的举止与外表只有属于中产阶级的人们才能维持。一个不受虚妄观念摆布的职业人员,对于顾客期待他施予的那种服务关系,能够玩世不恭地怀有敌意;骗子则能以这种轻蔑的态度对待整个"正统"世界。

　　②　古罗马皇帝、哲学家——译者注。

　　③　哈利·斯塔克·沙利文已经表明,送进精神病院的表演者,其圆通性能向另一个方向运行,寻找一种"贵人行为理应高尚"式的神志清醒。参见其文"社会——精神病研究",载《美国精神病学杂志》第 10 卷,第 987~988 页。"几年前在我们的一家大型精神病院中进行的'社会恢复'研究告诉我,病人经常被免于看护,因为他们已经学会不向周围的人表现出病症;换言之,他们已足以能够整合个人环境,从而认识到了那些与他们的妄想相对立的成见。由于最终发现了这些成见是愚蠢而不是敌意,因而他们仿佛变得聪明起来,以致能够宽容周围的愚蠢。于是,他们能够在与他人的交往中获得满足,同时又以精神病的方式发泄出他们的一部分渴望。"

慷慨的招待时,情况也是如此。期望获得好感的自私心也许不是主要动机;下级也许圆通地设法使上级感到安逸,装出让上级认为是理所当然的那种人情世故。

前　台

我一直用"表演"这个术语来指谓个体的全部下述活动:它们发生于他处在一批特定的观察者面前的那段特定时间内,并对观察者具有某种影响。个体表演中有一部分以一般的和固定的方式有规则地发生作用,为那些观察表演的人限定情景,把表演的这一组成部分称为"前台"(front)将是便利的。前台是个体在表演期间有意无意地使用的标准类型的表达装备。对初步的目的来说,辨别和标明前台的一些标准部分将是合宜的。

首先,存在着"舞台设置"(setting),包括家具、装饰品、摆设,以及其他一些为在舞台设置前面、里面或上面表演大量人类活动提供布景和舞台道具的背景项目。从地理上说,舞台设置往往是固定的,以致那些把一种特定的舞台设置当作表演的一部分来使用的人,只有已经进入恰当的场合才能开始他们的行动,并在离开它时,必须结束他们的表演。只有在例外的情况下,舞台设置才会随表演者一起移动;这可在送葬行列、市民游行,以及为国王和王后加冕的梦幻般的程序中看到此种情况。大体上说,这些例外仿佛为非常庄重的或一时变得非常庄重的表演者提供了某种额外保护。当然,要把这些显要人士与在表演中移动工作场所的相当凡俗的小贩阶层的表演者区别开来,后者经常是移动工作场所的。在让人有一个适于安置舞台设置之固定场所的问题上,统治者也许太庄重,小贩也许太凡俗。

……

如果我们用"舞台设置"这个术语来指谓表达设备的场景部分,那么,可以用"个人前台"这个术语来指谓表达设备的其他项目,即我们最为熟悉的、与表演者自身系为同一的那些项目,以及我们自然想象得到的、无论表演者行至何处总是跟随其身的那些项目。作为个人前台之组成部分,我们有:官职或地位的标记,服饰,性别、年龄和种族特征,身材与外貌,仪表,言谈方式,面部表情,躯体姿态,如此等等。在这些表征媒介中,有一些是相对固定的和跨越时间的,比如像种族特征,并不因个体的情景变化而变化。另一方面,某些表征媒介是相对易变的和暂时的,比如像面部表情,在表演中能随时间变化而发生变化。

……

社会设施是周围以知觉障碍物为界、一种特殊的活动有条不紊地发生于内的场所。我已表明,任何社会设施都可从印象控制角度来进行有益的探索。在社会设施的界墙之内,我们发现有表演者剧班,表演者们彼此合作,向观众呈现特定的情景定义。这总是包括特有的剧班与观众的概念,以及对于由礼仪与体面准则所统辖的表演风貌的假定。我们经常发现有后台区域与前台区域之分,前者为准备表演常规程序的地方,后者为呈现表演的地方。这些区域被加以控制,不能随便出入,之所以如此,乃是为了防止观众看到幕后,为了防止局外人涉足不是面对他们的表演。我们发现,剧班成员中间通行的是不拘礼仪,倾向于团结一致,而且他们共同拥有并保守若泄露便会葬送表演的秘密。表演者与观众之间保持着一种心照不宣的一致性,仿佛两者之间存有一定程度的相辅相成关系。通常,但也不仅如此,一致这一面总是得到加强,而对抗这一面则被弱化。由此产生的运作一致,往往与观众不在场时表演者所表现出来的对观众的态度相矛盾,也与表演者在观众面前谨慎控制的角色外沟通传导相矛盾。我们发现各种不协调角色相应出现:有些看似剧班同伴或观众或局外人的个体,获取了有关表演和剧班关系的信息,他们与剧班的关系隐而不露,而这种关系使虚饰的问题趋于复杂化。有时,一些无意动作、失礼与争吵破坏了正在维持的情景定义,或与之相抵触,从而导致了表演崩溃。剧班的神话总是离不开这些崩溃性事件。我们发现,表演者、观众、局外人三者都利用了各种技术来保全表演,或者设法避免可能的崩溃,或者设法挽回无法避免的崩溃,要不然就是设法为别人造成这种可能。要确保这些技术的使用,剧班往往选择忠实的、训练有素的、缜密的成员,选择圆通的观众。

上述要点与要素,构成了大致的框架,我认为,这种框架是发生在我们英美社会的自然舞台设置中的大量社会互动所特有的。就它可以运用于任何社会设施这一点来说,这种框架是形式的和抽象的;但是,它不只是一种静态的分类。此框架涉及各种动态问题,它们由维持在他人面前所投射的情景定义这一动力所造成。

选自[美]欧文·戈夫曼:《日常生活中的自我呈现》,黄爱华、冯钢译,浙江人民出版社,1989年,第17~19页、第21~24页、第229~230页。

3. 彼得·M.布劳*：交换与权力

社会交换概念特别吸引我的地方在于，我认为它是一种社会现象的原型，因此是一个非常适合于社会学研究的基本过程或者说是社会生活的质点(particle)。

……

社会交换，不管它是否以这种仪式化的形式出现，都包含着带来各种未来义务的恩惠，不是加以精确规定的义务，回报的性质不能加以讨价还价，而是必须留给作回报的人自己决定。因此，如果一个人请别人吃了一顿晚餐，他就期望他的客人在将来某个时候作出回报。但他几乎不可能与他们计较他们应该邀请他参加哪种类型的宴会，尽管他期望他们不要简单地请他吃一次快捷午餐——如果他邀请他们参与过的是一次正式的晚宴的话。同样地，如果一个人为一个熟人解决了一些麻烦的话，他期望对方能表示某种感谢，但是他既不能就如何回报的问题与对方讨价还价，也不能完全强迫他作出回报。

因为没有办法保证对一个恩惠作出适当的回报，所以社会交换要求信任别人会履行他们的义务。贷款给买房子的人的银行家不一定要信任

---

* 彼得·M.布劳(Peter M. Blau，1918—2002)，美国社会学家，社会交换论的代表人物，在阶层理论和组织社会学领域也有深远影响力。曾任教于美国康奈尔大学、芝加哥大学和哥伦比亚大学，并担任过美国社会学协会主席。代表著作有：《科层制的动力学》(1963)、《社会生活中的交换与权力》(1967)、《不平等和异质性》(1977)、《相互关联的社会属性》(1984)。

他——尽管银行家希望他不要放弃抵押品赎回权，但给另一个人一件贵重礼物的人一定相信他会以恰当的方式作出回报。然而，典型的是，交换关系是在一个缓慢的过程中逐渐发展的，以较小的交易开始，在这种交易中只需要很小的信任，因为涉及的风险很小。一个工人可能帮过一个同事几次忙。如果这个同事没有作出回报，这个工人的损失很小，可以很容易地通过不再提供帮助以避免进一步遭受损失。如果这个同事确实作出了回报，也许大大超出了对于自愿性帮助的感激的程度，并且希望得到更多的帮助，他证明自己值得信赖，可以继续接受更大的恩惠。（过分的回报可能是令人尴尬的，因为它是对一种比人们可能愿意参加的交换关系还要广泛的交换关系的一次投标。）如果仅仅是为了更多帮助的给予提供诱因的话，通过履行对他们所接受的服务的义务，个体们就证实了他们的可信性，而相互服务的逐步扩展伴随着相互信任的平行发展。因此，社会交换过程——它可能以纯粹的自我利益的形式出现——通过它们的反复发生和逐步扩展的特征在社会关系中产生信任。

只有社会交换会引起个人的义务感、感激之情和信任感，而纯粹的经济交换则不能。一个人仅在欠他钱这一表面意义上感激银行家，因为后者借给了他一笔以他的房子作抵押的贷款，而在体验到一笔感激银行家的债务的意义上说，他个人并不会感激银行家，因为银行家的所有服务、所有成本和风险都被适当地考虑进他所借的贷款的利息里了，并且全部以利息的形式被偿还了。然而，如果在没有适当的附属担保物的情况下，一个银行家同意借给一个人一笔钱，他确实会使贷款接受者个人对这种优惠待遇很感激，恰恰是因为这种信任行为引起了一种叠加在严格的经济交易之上的社会交换。

与经济商品相反，社会交换中所包含的利益没有根据一种单一的定量的交换媒介确定的准确价格，这是为什么社会义务是未加规定的另一个原因。这是一个实质性的事实，而不单单是一个方法论问题，认识到这一点很重要。不光是社会科学家不能准确地测量一个既定的帮助性行动值多少赞同,在没有一种货币价格的情况下,行动者本人也不能精确地指明赞同或者帮助的价值。因此,个体在社会交换中所招致的义务仅仅用一般的、有点弥散的术语加以界定。此外,被交换的特定利益有时基本上被看成是它们所表现的支持和友谊的象征,潜在相互支持的交换是参与者的主要考虑。有时候,给予接受者的耗费时间的巨大物质利益服务可能仅仅以口头表示深深的感谢就进行了适当的偿还,因为这些被用来表明,支持和物质利益差不多。[①]然而,在长期过程中,如果仅仅是因为,在良好意愿的这些表现中,持久的不平衡将对支持和适意的潜在取向中的互惠性提出质疑,那么处于伙伴关系中的伙伴们为了彼此的利益而作出的明显努力总会达到平衡。

外在利益在原则上是脱离于提供它们的来源的,但它们的脱离性是一个程度问题。一个极端是经济商品,它们的意义完全独立于提供它们的企业。一个公司的股份的价值不受我们从那里买到它的经纪人的影响。另一个极端是我们在恋爱关系中得到的弥散的社会支持,它的意义完全取决于提供它的个体。典型的被社会性地交换的外在收益,比如建议、邀请、帮助或服从,有它们自己独特的意义,这种意义独立于它们的提供者,然而一个个体对它们的偏好也受到他与提供者的人际关系的影响。尽管建议的质量决定了它对一个个体的基本价值,不管是谁提供了它,但他往往更喜欢去咨询一位同事而不是一位他几乎不认识的更为专业的咨询人员,对他而言,这位同事与他的友好关系使得他这样做更容易。[②]他能够接近一位同事的容易程度、围绕着该咨询的玩笑和快乐气氛以及他从交往中获得的其他报酬与建议本身的质量结合起来一定决定了整个交易对他的价值。确实,工具性帮助的交换有时候可能很大程度上起着为参加者提供交换其他这些更为突出的报酬机会的作用。走过去帮助一位同事完成任务,可能仅仅是一种与他聊天和交换

---

① 参见欧文·戈夫曼(Erving Goffman),《精神病院》(*Asylums*)(Chicago:Aldine),1962 年,第274~286 页。

② 参见布劳(Blau),《科层制的动力学》(第 2 版)(*The Dynamics of Bureaucracy*)(University of Chicago Press),1963 年,第 129~131 页。

社会支持的托词。

因为社会利益没有准确的价格，又因为一种既定利益的效用不能明确地与来自社会交往的其他报酬区分来开，因此将经济学的最大化效用的原理应用于社会交换就似乎十分困难了。[①]可以说，非人格的经济市场有意从这些与其他利益纠合在一起的联系中剥离出特定的商品，因此有可能在有固定价格的不同替代品之间作出理性的选择。然而，甚至在经济交换中，每种替代品的意义也很少限定在一个单一因素上，这就搅乱了理性的决策；人们的工作选择受到工作条件以及薪水的影响，他们对零售商的选择受到商店里的氛围以及商品质量的影响。尽管对社会交换的系统研究提出了不同的问题，但是它所作的关于隐含在选择行为中的效用最大化假定与经济学家在消费研究中所作的假定区别不大。

在生产和销售中，当"边际成本与边际收益相等时"，利润达到最大；[②]并且因为这两种数量都是根据美元来界定的，所以就存在一个明确的最大化标准。但在消费中，最大化指的是使得以替代的方式花费额外的一美元获得的边际效用相等，而对效用的这种比较，原则上提出了一个与社会交换研究中所提出的问题相同的问题。确实，经济学家一般不会试图直接测量效用以确证它们是否相等，而是简单地推断它们是来自消费者支出的分配还是来自其他的经济决定。因此，如果一位科学家以比他能够在产业界获得的工资低的薪水接受了一份学术工作，那么他从他的大学职位中获得的所谓精神收入在效用上将等于或超过工资上的差别。可以从社会交换的可观察行为中得出类似的推论。而且，这些关于所交换的社会报酬对个体所具有的价值的推论可以被用来推导出可检验的假设，这些假设是关于将从它们中间新出现的群体结构以及在各种条件下将发生的结构变迁的……

---

①　参见霍曼斯，前引《社会行为》，第 72 页。

②　肯尼思·E. 博尔丁（Kenneth E. Boulding），《经济分析》（第 3 版）（*Economic Analysis*）（New York Harper），1955 年，第 552 页。

社会交换与经济交换的差别

人们对其他人的肯定性情感和评价,比如爱慕、赞同和尊敬,是具有一定价格的报酬,它们可以进入交换交易,但是它们不需要明显地在交换中交易,以免它们作为真诚的情感或判断的价值受到损害。然而,不管潜在的动机是什么,人们做出的有益于他人的行动总是有意义的;因此,如果它们明显被用来在交换交易中讨价还价,那么它们作为报酬的价值就不会受到损害。这对于工具性服务(包括服从别人的愿望这类工具性服务)尤其如此,这种工具性服务构成了外在报酬。但是,内在于社会交往的报酬与那些外在的,并且原则上可与社会交往分离的报酬之间的区别是一种分析上的区别和相对的区别。

尽管社会交换的重心落在某种外在价值的利益上,或者至少落在对好处含蓄地讨价还价上——这使它区别于深厚爱情之中的相互吸引和支持,但是社会交换对于参与者总是带有内在意义的成分,这一点使它有别于严格的经济交换。在礼物交换中关于明显的讨价还价的禁忌被用来保护它们作为友谊的象征的意义——即作为内在吸引的表征的意义——不会被物品本身的内在价值所抹杀。因此,社会交换是纯粹的利益计算和纯粹的爱情表达之间的一种中间情况。然而,甚至经济交易和爱情关系也很少以完全纯粹的形式表现极端的过程,因为在任何经济交易中所一般涉及的多种收益和成本妨碍了明确的利益计算,又因为在爱情关系中也交换外在利益并且有助于产生相互情感。经济制度,诸如规定交换的精确条款的非人格化市场和合约,意在将对交换的各种物品的关心与其他考虑分离开来,以及对一项交易中所引起的明确义务加以具体规定,因此将理性计算的可能性最大化。与此相反,社会交换包含了未加规定的义务,这些义务的履行取决于信任,因为它不可能在没有一种约束性契约的情况下得以实施。但是社会交换所要求的信任以一种自我调节的方式通过它自己的逐步扩展而产生出来。

向他人提供利益可能导致和他们形成伙伴关系的纽带的形成，或者导致优越于他们的地位。一个向他人分配礼物或服务的人提出了对高级地位的要求。其他人通过回报，尤其是通过作出目前使第一个人对他们负有义务的过分报答，使他的要求失去效力，并且在扩展伙伴之间相互信任的交换关系中引起进一步的交易。另一方面，如果他们不能作出回报，那么就确认了他对高级地位的要求，如果他们不接受他的赠予也是如此，除非他们的明显富裕证明，他们拒绝接受赠予不是由于他们没有能力进入与他平等的交换关系，而是他们不愿意这样做，在这种情况下，拒绝有可能产生敌对。一个人通过向其他人提供他们不能适当地偿还的利益压倒他们，并因此用其他人对于他的义务的重担征服他们，来确立相对于他们的优越地位。但是一旦优势地位在政治或经济结构中牢固地扎下了根，那么它就可以使一个人以贡品的形式从下级那里榨取利益，而不会使他对于他们的持续的优势地位遭遇任何危险。

建立社会交往的个体们既具有某些共同的利益，又具有某些冲突的利益，看来这是社会交往的典型情况。一种稳定的社会关系要求个体们为实现它以及维持它的存在作出某些投入，使对方或其他人承担一份能保证他们持续交往的不相称的义务，这对每一方来说都是有利的。因此，个体们在维持他们之间关系中的共同利益，在涉及谁的投资应该对维持这种关系做出最大贡献时，往往伴随着冲突的利益。我们已经看到，尽管群体成员中的大多数人愿意满足于这样一个位置上，即必须对其他人给予尊敬，以免被从群体中排斥出去，但是彼此吸引的他们的第一选择一般是通过其他人对他们的单方面尊敬来加固他们在群体中的位置。同样地，尽管恋人们从使对方作出更大的承诺中获得利益，但他们对维持恋爱关系的兴趣通常诱使他们在必要时作出更大的承诺。与此类似，尽管进行交换的伙伴们对维持伙伴关系的兴趣激励他们中的每个人都要作出大量投资而不是让有利的交往崩溃，但是他们往往从让对方作出大量的稳定他们关系所必需的投入中获取绝大部分利益。最后，在每一种交换交易中，每个参与者都希望以小成本获得大收益,而为使双方都获益就必须达成某种妥协。在所有这些社会交往中,冲突性和共同性利益总是并存这一现象意味着,伙伴们的第一选择总是相互冲突的,而最后作出的选择则是彼此相同的,每个人的第一选择是另一个人的倒数第二选择,尽管它可能仍然比任何可用的替代选择更受偏爱一些。然而,在伙伴之间掌握和探索替代机会的过程中,这些偏好不断地被改变,直到稳定的社会关系被具体化为止。

——选自[美]彼得·M.布劳:《社会生活中的交换与权力》,李国武译,商务印书馆,2012年,第3~4页、第159~164页、第183~186页。

4. 詹姆斯·S.科尔曼*:社会理论的基础

行动和交易

本书提出的行动系统这一概念,对行动者的行动类型作了严格限制。这些行动的共同点具有明确目的:增加行动者的利益。然而,根据不同的形势,行动的种类不同,在此,有必要加以说明。

第一种行动, 行动者为了满足个人利益, 控制着他能够从中获利的资源。由于行动过程中只有一个行动者,所以这种行动不具有社会意义(除非他的行动影响他人)。为此,这里不予考虑。

第二种行动,行动者争取控制能使他获利最多的资源。这是一种主要的行动类型,因为它可以解释许多社会行为。行动者利用自己控制的与自身无益或益处不大的资源与他人交换,那些人控制着能使他获利最多的资源。这一过程以增加行动者利益为目标,其前提为:行动者甲控制某种资源,行动者乙不控制任何资源,甲比乙能更好地实现个人利益。更为一般的前提为:如果一个行动者控制了某种资源,他可能自这种控制中获得利益。

---

*　詹姆斯·S. 科尔曼(James Samuel Coleman, 1926—1995),美国社会学家,曾任美国社会学协会主席,社会学理性选择理论的代表人物之一,任教于芝加哥大学,在教育社会学及公共政策研究领域建树颇丰,其"科尔曼报告"重塑了美国国家教育政策。主要著作有:《社区冲突》(1955)、《数学社会学导论》(1964)、《非对等社会》(1982)、《社会理论的基础》(1990)。

　　第三种行动,行动者控制着能使自己获利的资源,但是却对这种控制实行单方转让。这种行动在社会系统中十分普遍。这种转让之所以出现,是因为第一种行动的前提(如果一个人控制了能使他获利的资源,他能够最大限度地满足个人利益)不再成立。事实上,如果一个人单方转让对于资源的控制,他必定认为,其他人行使这一控制要比他亲自控制那些资源,对自己好处更多。关于单方转让的条件在其他章节还要具体讨论。这里需要强调,这种转让之所以出现,是一种有目的的行动,实行转让的行动者期待这将使他获益更多。

社会交换

　　本书期望建立以简明为特点的理论体系。行动者仅仅通过两种关系与资源(间接地与其他人)建立联系,即控制资源和获利于资源。行动者只有一个行动原则:最大限度地实现个人利益。在此原则指导下,行动者采取直接实现个人利益的行动;但更多情况下,行动者为了最大限度地实现个人利益,交换对于事件的控制(或控制权);在特定情况下,他们还会单方转让控制(或控制权)。

　　……

　　一旦交换超出了经济物品范围,对交换过程的限制便随之发生了变化。在商品交换过程中,每个行动者通过交换为他人(也为自己)带来好处。因此,人们通常认为这种交换不仅是自愿的,而且是双方获利。一旦非经济类型的事件成为交换资料,交换可能进入非自愿的、强迫行动领域,威胁和允诺都被看作交换。例如:一个小孩把衣服扔在地上,家长威胁他,如不拾起衣服就打屁股。孩子拾起了衣服,使家长的利益得到了满足。于是,作为交换,家长暂时放弃了打孩子的权利(家长凭借体力和对孩子的法律地位拥有这种权利)。

　　此外,许多现象通常可被理解为支配某种资源,而不是交换。例如:罗伯特·达尔（1961）在研究中曾指出,社区在决定某些事务时,最有权力的人往往不行使其权力。其他政治学家也指出类似现象,这似乎令人迷惑不解。但如果看到政治资源可以被有针对性地选择使用(例如:一家公司在小镇上有一个工厂,如果公司在反对一项颇得人心的政策时应用了它的权力,其结果镇上的公众对公司的支持程度就会下降),那么便可理解这种有选择地使用资源,可以使资源拥有者的利益最大限度地得到满足。

社会交换系统

现实生活中的社会交换不是发生在两个与世隔绝的行动者之间，而是发生在人们为稀有资源进行竞争的交换系统之内,从事交换的社会市场在某些方面与经济市场十分相像,但二者又有很大差别。尽管使用货币是经济交换的主要特征,但通过研究货币的作用,不仅可以了解社会交换与经济交换的差别,而且可以理解两类交换的共同之处。

货币是什么?

在物物交换阶段,交易成功的基础是某种双重巧合,即甲和乙不仅有对方期望得到的物品,而且在数量上,他们拥有的相应物品必得超过自身的需要,才能用多余部分进行交换。双重巧合是不易满足的条件,货币的使用解决了这一难题。

货币有多种定义:价值的体现、交换媒介以及计量单位。尽管货币具有以上各种职能,但在完成不同职能时,货币采取的是不同形式。就本书而言,理解以下三种货币形式的区别十分重要:具有价值的商品货币,作为付款保证的信用货币和信用程度较低的流通纸币。人们把交易中使用的货币视为信用货币，即政府出面担保的由甲向乙提供的付款保证。这种认识并非正确,因为政府发行的流通纸币作为合法货币可以偿还欠款,但它不等于以本身具有价值的商品(如金、银)提供的付款保证。流通纸币集中体现了货币的弱点。人们之所以使用纸币,并非因为它可以作为付款保证,而恰恰是因为它不能成为付款保证。使用纸币的具体原因如下:

　　1.法律要求使用流通纸币(尽管纸币购买的商品价值或劳务价值与纸币自身的价值并不一致)。

　　2.纸币被使用时已具有特殊价值,其原因在于它被用来购买商品或劳务,卖方在出售商品或劳务时接受纸币作为报酬。

　　这意味着甲向乙提供商品或劳务后,之所以接受乙支付的纸币,是因为甲可用这些纸币从丙处购买商品或劳务。政府发行纸币的基础是一种明确的承诺,即纸币价值应与商品货币(金、银等)的价值持平,但这种保证往往为某种含糊不清的承诺所取代,即政府发行纸币的速度不能超过经济发展中商品与劳务的增长速度。这种承诺若被违背,纸币将贬值。

　　……

　　……当一次物物交换被分解成两次交换时,交换的一方所作的承诺为货币所代替。流通纸币是货币进化的最高阶段。在最初的交换中,人们只是相互许诺在未来的某一时刻偿还欠债,后来发展为转让付款承诺(即转让第三方的承诺),这便导致了上文提到的存在于众多承诺人之间的竞争。信用程度最高的票据发行人逐渐将其他票据发行人逐出交换过程,在多数情况下,中央银行是社会上最受信任的发行人。由于政府出面充当了令人信服的第三方,对承诺的需要便不复存在。这种发展使付款承诺为新的承诺所取代,即保持商品与劳务的增长速度与货币增长速度一致。货币进化的下一个阶段是应用信用卡。社会上没有现金流通,仅有在理论上代替货币的中央信息交换所,电子计算机使所有交易中的欠款信息都集中于中央交换所。在进行半交换时,购买商品或劳务的顾客向卖方报告自己的信用卡号码作为报酬。卖主信任的既非顾客本人,也不是他的付款承诺,他只相信来自中央交换所的付款承诺。因此,在无现金社会,受托人以及信任的本质与应用纸币社会的相应状况完全一致。

……

社会系统与政治系统中的交换媒介

货币自脱离了商品形态以后,首先演变为转让承诺(转让第三方的承诺),其次流通纸币作为合法货币出现,最终中央信息交换所全面替代了货币。通过这一系列的演变,货币已从根本上有别于它所购买的本身具有价值的商品与劳务。人们可能会问,在社会与政治系统中,是否存在着任何类似货币本身并无价值,但在交易过程中担负重要媒介作用的某种手段。答案是肯定的,承诺在社会与政治系统中所起作用的广泛程度超过其在经济交换中的作用。

第二个问题涉及信用货币:第三方的承诺是否可以用来交换? 如果甲得到乙的承诺,在同丙的交易中,甲是否可以把乙的承诺与丙进行某种交换? 在非经济系统中,人们很少转让承诺,即便这种情况发生,也是一种最低限度的转让。导致这种情况的原因,将在后面讨论。这里只想说明偶然发生的最低限度的交换承诺。例如:在人与人关系密切的团体内,非货币性质的交换很普遍,人们可以发现某种偿还恩惠的连锁关系,诸如下列内容的对话常可听见:"约翰欠着我的情呢,转告他,我请他给你帮个忙。"或者:"玛丽说,如果我告诉你,是她让我来的,你一定让我拿这本书。"但是,即便人们之间的关系十分密切,这类连锁关系也不会无限制地发展。在讨论立法或为联合政府的席位磋商时,三方或四方之间往往以各种承诺作交换条件。但其发生是在特定的条件下,而且往往秘密进行的。因而,被称为最低限度的转让承诺。

……

值得注意的是,信用货币出现以前,经济欠债被视为私人债务,因而不可转让。例如：艾因奇格（1966）在研究原始经济时，从未发现债务在任何地方可用作交换媒介。因此，尽管社会与政治系统中几乎不存在承诺的转让，但这并不意味着这些承诺根本不可能被转让。

……

作为货币替代物的社会地位

社会与政治系统中对交易进行结算的另一种手段是授予交易的参与者某种地位或以其他方式说明交易各方相互存在着差别。布劳（1963）曾说明政府机构如何运用这种手段。政府机构的工作人员在经验、知识和能力方面存在着差别。布劳发现了一种交易的系统模式。某些工作人员经常请求他人指导，这种交易是不对称的，因为被指导者不具备指导对方的能力。久而久之，工作人员分成了两类，即指导他人与接受他人指导的两种人。其结果，出现了一种地位等级，工作人员在地位及声望方面出现了差异。

另一个例子也可以说明如上手段的运用。小镇上有一个银行家，他贷款的原则不仅是预期利润的大小，而且考虑借贷者的需要及意愿。如果借贷者再无别的资金来源，银行家则对整个事件处于完全控制之中，即便实际贷款数量小于贷款要求，借贷者也难以酬谢。双方实力的悬殊还表现在借贷者处于恳求银行家的地位，他的命运取决于银行家的决策。然而，借贷者向银行提交偿还贷款的保证时，可以增加一项内容，即保证银行家有权控制借贷者将来有可能控制的某些事件。这意味着，借贷者在事实上给了银行家某种有关地位的保证。在特定的条件下，借贷者将服从银行家或给予银行家某种特权。如果借贷者自己开店，他将保证银行家及其家属在他的店内获得最好的服务；在街道上和教堂里，每逢见到银行家，借贷者都毕恭毕敬，满脸堆笑。总之，借贷者将使用各种方法使银行家获得精神收入，作为自己得到银行家贷款的回报或作为争取更多贷款的手段。银行家之所以得到此种地位，是因为交易双方的资源处于不平等状况。

……

存在于这些例子中的具体结构是：某人对某些能使他人获利的事件有特殊的控制(出于能力或其他原因)。这里不分析人们之所以控制事件或自事件中得利的原因,一旦这种结构出现,在事件中有切身利益的人总要给事件的控制者以某种地位保证。因为较高地位的接受者在他控制的各种事件中,能够使地位授予者得到好处。具体方法有两种:第一,较高地位的接受者直接帮助向他们表示敬意的人（总是成功地与女孩子约会的男孩子帮助其他男朋友取得约会的成功）;第二,获得较高地位的人在使他人获利的集体行动中发挥主要作用(学校里的体育明星使运动队在校际比赛中赢得荣誉)。

以上所有实例反映了社会上的一般情况。人们地位的差异是一种普遍现象。事实上,以授予地位的方式平衡不对称交易或使半交易的出现成为可能,表明在社会与政治系统中社会地位已成为货币替代物。上述各例表明,地位可以为人们带来各种好处。此外,心理学家认为地位或其他使个人与众不同的象征是人们实现自我满足的主要来源。因此,人对地位感兴趣。

然而,地位毕竟与货币不同,它具有某些特殊性质。尽管地位是交换中普遍应用的媒介,但它的价值与地位授予者和地位接受者的身份密切相关。例如:乞丐常常向人鞠躬致谢,但对大多数人而言,他表达的敬意价值很低。在封闭的社会系统中,某人表现的尊敬之情对所有人来说价值相同。现代社会以开放为特征,敬意的价值则因接受者不同而差异甚大。假定一个著名的历史学家和一个著名的物理学家在同一个餐馆内进餐,他们每人桌旁都围坐着几个崇拜者。如果这两位知名人士调换位置,他们就像鱼儿离开了水。因为历史学家的崇拜者并非崇拜物理学家,而历史学家从物理学家的崇拜者那里得到的敬意也非常有限。大学里也可发现类似情况,每个系就像餐馆内的一张桌子,知名度很高的教授离开本系便无法得到在该系内获得的尊敬。

在封闭的社会系统内,地位与货币十分相似:某人向他人表示敬意的价值与这人自身的地位相符合。仿佛此人的地位可用数量表示,向他人表示敬意是支出地位总数量中的一部分。地位较高的人不轻易向他人表示敬意，因为这不仅使接受敬意者地位得以提高，而且使该表示敬意者的身份显得降低了。

　　研究了货币和其他使交换得以顺利进行的各种手段之后，便可进而分析发生在经济系统之外的交易种类。经济系统中的货币与本节讨论的应用于经济系统之外的各种手段都使交易可以顺利进行，但它们与交易是两回事。这些手段仅使难以满足双重巧合的交易能够以半交易的形式得以完成。

　　选自［美］詹姆斯·S.科尔曼：《社会理论的基础》（上、下），邓方译，社会科学文献出版社，1999年，第39~46页、第139~153页。

三

行为与冲突

1. 加里·S.贝克尔*:行为的经济分析

生育力的经济分析

　　人口学家未能准确地预测西方战后出生率的变化,这对人口研究带来有益的影响。绝大多数预测或是根据过去趋势简单外延法,或者根据用人口年龄–性别–婚姻构成加以校正的外延法。前一种方法全然见不到社会经济方面的考虑,而后一种方法也不够成熟。假使这些方法可以像它们以前的半个世纪那样,能够继续作出相当可靠的预测,那就没有什么必要进行社会经济变量与出生率之间的复杂的相关分析。然而,30 年代出生率的急剧下降,伴随着战后时期出生率的骤然上升打消了人们的信心,人们不再认为未来出生率可从人口构成的单调下降函数中预测出来。

　　马尔萨斯可以合乎情理地假定,生育力主要由两大基本因素决定:结婚年龄及同房次数。然而,19 世纪避孕知识的发展与传播极大地拓展了家庭规模决策的范围,当代研究者不得不比马尔萨斯和其他预言家更加注意家庭决策。心理学家试图将这些决策纳入心理学理论的框架中加以说明,社会学家

　　*　加里·S.贝克尔(Gary S. Becker, 1930—2014),美国经济学家,1992 年诺贝尔经济学奖获得者,利用经济学方法研究传统意义中的社会学议题的第一批经济学学者。代表著作有:《歧视经济学》(1957)、《生育率的经济分析》(1960)、《人力资本》(1964)、《人类行为的经济分析》(1976)、《家庭论》(1981)。

试图用社会学的理论对此作出分析,但绝大多数人承认,在组织生育力[1]的信息方面,两种方法均绩效不佳。

有两个原因促使笔者用经济分析研究家庭规模决策。首先,马尔萨斯的著名论述基于鲜明的经济分析框架,笔者的研究只是他的理论的概括与发展。其次,在印第安纳波利斯的调查[2]中,虽然没有一个变量能够对生育力的变动作出多大解释,但是经济变量的表现要比其他变量的表现好得多。本章第一部分发展这种分析、并阐述它的某些含义,第二部分利用经济分析考察收入对生育力的实际影响,第三部分考察前面部分提出的某些深层含义。

经济分析

(1)一般的考虑

在缺乏避孕知识的社会中,控制出生人数要么通过堕胎,要么通过禁欲,禁欲的形式是推迟结婚及减少同房次数。由于每一个人对这些变量保有一定的控制能力,因而即使在这样的社会中,家庭规模决策也有讨论的余地。在其他条件相同的情况下,希望小家庭的男女可以比一般的男女推迟结婚,或更多地施行堕胎。当然,由于堕胎的禁忌、婚姻决定上的强烈的社会压力、减少房事次数的绩效不佳等因素,决策余地小得可怜;在决定家庭出生子女的分布中,运气显然十分重要。

避孕知识的增长极大地拓展了决策范围,因为它将生育控制与性行为区别开来。大致说来,决策范围的这种扩展增大了环境因素的重要性,但在无数环境因素中哪种因素最重要呢? 为简化起见,在分析开始时,笔者假定,每个家庭对它的生育胎次及其生育间隔能够完全地加以控制。

---

[1]　在现代人口学中,生育力(fertility)是表示育龄妇女生育强度的绝对指标,出生率(birth rate)则是指一定时期内平均每千人中出生人数所占的比率,这两个指标既有区别又有联系。在本书中,特别是在本章中,这两个概念常常是不作区分的,作者将出生率的含义等同于生育力——译者注。

[2]　见 P. K. Whelpton and C. V. Kiser, 1951。

对绝大多数父母来说，子女是一种心理收入或满足的来源，按照经济学的术语，子女可以看成一种消费商品，有些时候，子女还可以提供货币收入，因而还是一种生产品，而且，由于用于子女的支出和子女带来的收入都不是一成不变，而是随子女年龄的变化而有所不同，使得子女既是一种耐用消费品又是一种生产品。把子女同汽车、房屋、机械等物品相提并论，似乎有些牵强、造作，甚至是不道德的，然而这种分类并不表明子女带来的满足或成本在道德方面与其他耐用品等同。住房等"必需品"提供的满足经常有别于汽车等"奢侈品"提供的满足，然而，在需求分析中两者都被视为耐用消费品。对于子女提供的满足的抽象使得对子女的需求同发展成熟的经济理论相联系成为可能。本文试图说明，耐用消费品的需求理论在关于子女需求分析中是一个有用的框架。

（2）偏好

作为耐用消费品，子女被认为可以提供"效用"。通过效用函数或一组无差异曲线，子女的效用可以同其他商品提供的效用进行比较。无差异曲线的形状取决于对子女的相对偏好，或者，换言之，取决于偏好，这些偏好可能依次由家庭的宗教信仰、种族、年龄等因素决定。虽然并未事先申明，但是这种分析能够允许与"经济"因素无关的生育力的差异。

（3）子女质量

一个家庭不仅必须决定生育多少子女，而且必须决定用于子女的支出费用——是否提供单独的寝室，入托及上学，是否使他们接受音乐或舞蹈教育，如此等等。我把较为昂贵的子女称为"高档"子女，正如同雪弗兰与卡迪莱克比较被叫作高档汽车。为避免误解，我要马上跟进一句，"高档"并不意味着德行高尚。如果更多的支出志愿用于一个孩子而不是另一个孩子身上，那么，其中的原因是，从增加的这种支出中父母可以得到增加的效用。正是由于这种增加的效用，我们才称之为"高档"。

（4）收入

收入的增加必定增加一般产品（average good）的支出额，但未必增加每件产品的支出额。主要的例外是广义分类中的劣质产品,就像雪弗兰被认为是劣质汽车,人造黄油被认为是劣质食品,黑面包被认为是劣质的面包。因为在任何一种广义的分类中,子女似乎都不能列为劣质产品,所以,从长期来看收入的增加很有可能增加用于子女的支出额。①

对汽车、房屋或电冰箱等几乎所有其他耐用消费品来说,同质量的收入弹性比较,数量的收入弹性通常较小,在高收入水平,家庭购买的东西质量更好,数量也更多。如果子女方面的支出也有类似性质,那么,增加的子女支出的绝大部分将包含子女质量的提高。虽然一般来说数量的减少是个例外,但经济理论并不保证子女数量一定增加,因此,收入的增加可能既增加子女数量,又增加子女质量,但是数量弹性应低于质量弹性。

另一方面,马尔萨斯认为,收入的增加将导致家庭规模的相应扩大。他的论断包含两个要点:第一,收入的增加会引起儿童死亡率的下降,使更多的儿童存活下来。如果出生人数的减少不能抵消儿童死亡率的下降,那么,一般家庭的子女数量将会增加;第二,收入的增加会导致人们早婚并且不大节欲,从而导致生育力的提高。在这一要点上,马尔萨斯则较少呆板地说明而更多顾及动机因素。

通过将子女数量同子女质量相联系,通过允许收入的数量弹性既可以偏大又可以偏小(甚至为负),本文的分析已经概括马尔萨斯的论点。在我看来,现代社会的数量弹性可能为正,但与马尔萨斯的观点稍有区别。首先,儿童死亡率已经降到如此之低,致使收入上的一般变化对某一同期出生群的儿童存活数量影响很小。即使是儿童死亡率的大幅度下降,它对家庭规模的影响也是值得怀疑的,因为父母的主要兴趣就在于存活下来的子女本身,而不是胎次,所以,儿童死亡率的下降将引起胎次的相应减少。其次,胎次无须节欲

---

① 可以根据另一推理思路表达这一结论。这里,k_i 表示用于第 i 项商品的支出份额,n_i 表示,用于第 i 种商品支出的收入弹性。在其他条件不变的情况下,k_i 愈大,n_i 偏大或偏小的情况就愈不可能出现,特别地,n_i 不大可能为负。在绝大多数家庭中,用于子女支出的收入份额很大,因而减小了子女的收入弹性为负的可能性。

就可以得到控制,这在很大程度上降低了生育控制的心理成本。"人性"不再保证适当超出食物水平收入的增加会导致生育力不知不觉的提高。

(5)成本

从原则上说,子女的净成本不难计算,它等于预期支出的当前价值加上父母劳务的估计价值,再减去预期货币收益的当前价值及子女劳务的估计价值。如果净成本为正,对子女总体说来是一项耐用消费品,也就有必要假定可以从中得到心理收入或效用。如果净成本为负,则子女是一项耐用生产品(producer durable),从中可以得到货币上的收入。各种质量的子女通常均可得到。任一家庭所选择的子女质量取决于偏好、收入及价格。对于绝大多数家庭来说,近些年来用于子女方面的净支出数额庞大。

在过去的 100 年里,美国人均实际收入增长了 3 倍以上,这些收入势必增加了对子女的净支出。在 19 世纪中叶,子女有可能是净生产品,最终能够提供收入而不是耗用收入。然而,在那些从子女身上得到边际心理收入的家庭,其子女的边际成本必大于 0,否则,他们就会另外增加子女。甚至在 1850 年,美国普通家庭的子女数就低于实际上的可能性。黑奴的数字可以成为一种更为直接的参照——这是人成为生产品的极端例证。这些数字表明,用于男性黑奴 18 岁以前的净支出为正值。因为一个 18 岁的黑奴的卖价足以抵消其 18 岁前的净成本,所以,蓄奴是有利可图的。大致说来,绝大多数白人家庭对其子女 18 岁以前的支出大于蓄奴者对黑奴 18 岁以前的支出,而且,白人的子女在 18 岁之后成为自由公民,可以决定保留自己的收入还是交给父母;交给父母的数量可能超过 18 岁前的成本,但是,18 岁以前的成本更可能高出 18 岁以后的收益。然而,这并不表明子女的货币收益不重要,本文将在下面几个不同地方予以强调。但是,它又确实表明,将子女视为耐用消费品的基本分析不仅与当前相切合,而且也与过去的某些时候相切合。

子女成本的变化或许源于食物和教育价格的变化,它是一定质量的子女成本的变化。由于这一定义被广泛地误解,所以值得稍加考虑,人们不能仅仅因为更多的人现在购买卡迪拉克和其他昂贵汽车就断言汽车的价格随时间上升了,价格的变化须从一定质量的价格指数方面做出估计,实际收入和其他因素的一般变化导致了子女支出的一般增加, 这通常被理解为子女成本的上升。子女成本完全有可能上升,但是,因为子女的质量上升了,故不能把这种支出的增加看作是成本上升的证据。今天的儿童有较好的衣、食、住、行等条件,进入幼儿园、校园、中学和大学的人数愈来愈多,基于同样原因,尽管富裕的家庭在子女方面的支出更多,但是子女的价格对富裕的家庭同对贫穷的家庭是一样的,只是富裕家庭不仅选择其他高档产品,而且也会选择高档的子女。

选自[美]加里·S.贝克尔:《人类行为的经济分析》,王业宇、陈琪译,上海三联书店、上海人民出版社,1995年,第209~215页。

2. 弗洛里安·兹纳涅茨基*: 知识人的行为模式

宗教学者

宗教学者在神学院内执行其社会角色。他的社会圈子由其他学者组成;他之所以在这些学者中间占有一席之地,只是因为(其范围也在于)他们承认他是一位学者的同事(a fellow scholar)。他的圈子必须满足的条件与标准是那些传统上适用于学院成员的条件与标准,他的地位与功能受学院的体制调节。

当然,学院作为集体依赖于社会——种族的、地域的或特殊的宗教(像某一国际性教堂)——的支持,学院是社会的一个组成部分,而社会则需要学院使宗教体系持续下去。但是,个体学者,作为学院成员的角色,不被认为直接依赖于社会的其他社会圈子,或为其他社会圈子发挥有益的功能:除了学院,没有其他人能判断他在学术上的能力,或决定他适合于占据什么位置,或规定他作为科学家担负的职责。

......

学院内的学者角色严格由学院的任务决定——使圣训永恒。技术专家

---

* 弗洛里安·兹纳涅茨基(Florian Znaniecki, 1882—1958),曾当选为美国社会学协会会长,他有关社会学理论及方法的论述,在社会学成为独立学科过程中起了承前启后的作用。代表著作有:《社会学方法》(1934)、《社会行动》(1936)、《知识人的社会角色》(1968)等。

在其计划中所使用的知识,世俗圣哲的智慧,都是私有的(虽然可交流),属于个人的(虽然他们服务于各自的社会圈子)。而学者的知识却不属于他自己:它是整个神学院的精神财产,高于每一个体并独立于每一个体。作为个体,他的重要性在于在学术群体内,他是活生生的链条中的一个环节,借助这一链条,超绝的科学和神的智慧一旦被人们获知,就在力所能及的范围内永远维持下去。个体开始时是个初学者,然后在教师的指导下逐渐更广泛更深入地共享圣洁的知识。

如果学者在获得一定的对于执行学者角色必需和够格的学问后,离开学院区作为一个外部角色,那么,他在学院内部的功能也就终结了;但是,他与学院的精神联系仍没有割断。如果他继续忠实于联盟,他将以学院为中介,成为联结外部世界的门外汉与所有圣洁真理的最初永恒源泉的纽带。他在黑暗的外部世界发射出从学院带来的光芒,以此(虽然处于从属地位)协助学院执行其神圣的功能。而且,可以认为,由于他们的个人威望,把外界的年轻人吸引到神学院来,新一代的学者可能就来自这批人。

如果宗教学者留在神学院并显示了卓越的智力和才能,他就承担了教师的角色,并把其他研习者引向神赐的知识。神赐的知识如果以书面的形式固定下来,就有可能很快积累得非常之多,以至于学者即使在成为教师之后也要继续在仍健在的大师指导下学习,或者向那些留下著作的死者学习知识。因此,在其生命的每段时期里,学者在学院内的地位都取决于他与师生等级秩序中的其他学者相比能参与到神赐知识的程度。

作为科学家,他的社会功能主要受神学院之最高任务的制约,神学院的最高任务是使已经得到前辈信任的圣洁真理宝库保持不变。因而,每个学者之首要的、根本的责任是准确地吸收老师传授给他的每一个真理,然后他以同样的准确性传授给学生。

……

因而,在传授宗教真理的过程中,根本的一点是要准确忠实地重新生产这些真理的符号式表达。同一个真理不能有不同的表述,因为如果能作出不同的表述,就不再是它们自己了。使用不充分的符号不仅是错误的,而且也是对知识及其圣洁对象的亵渎。无论是教师还是学生,都不能改变一个发音、一个破折号或一个逗点。因而强调背诵圣经,甚至在现今的希伯来神学院和穆罕默德神学院中仍维持着这一传统;因而也强调完美的书写技巧的重要性,埃及圣书、中国学者的考据和中世纪圣稿都例证了这一点。

因此,作为学生和教师,宗教学者的地位与功能从根本上讲有赖于分享超个人的、排除所有可疑之处的、内容与表述完全固定的知识,因此,对他来说,对知识进行修正显然是不可能的。他也不能亲自去发现从初始到第一位向神学院中的后继者启示宗教知识的第一位大师、神灵或英雄,根本未曾知道新的、确实的真理。但是事实上,神学院的知识却实实在在地在世代更替中成长起来,著述日积月累,学者成了权威,教师的时间变长,最后学者在宗教知识的分支中开始了专业化,在埃及、巴比伦、印度、波斯、伊斯兰统治下的近东和 20 世纪初的欧洲都出现了这些现象。

神学院所承担的知识的增长,似乎主要是适应广阔的社会需求的结果。新的自然技术问题,由社会冲突唤起的对文化秩序的反思,求知的人所作的新的事实观察,外来的陌生教条以及反对派偶尔提出的大胆创新,所有这些都渗透到神学院内部,要求他们作出回答。这些新奇的东西中,某些可能被斥之为毫不相干或亵渎神灵的东西,然而,如果神学院能有效地权威性地解决大部分困扰着社会的问题,并且能把大部分似乎正在获得更大的社会群体承认的新的风俗知识纳入到至高无上的宗教知识之中,那么,这对于增加神学院的威望和提高其影响力是有好处的。于是,宗教学者的角色中有了第二个也是辅助的功能:在已经全面学习了神赐知识(这些知识形成学院的永恒传家宝)之后,他应该(如果能够的话)通过这类补充去丰富学院的知识,并因而增加学院知识对于外界俗人的重要性。

这两个功能——保持传统的完整与承认或引入创新——如何才能一致起来?全世界的宗教学者总是运用同样的指导原则达到这一点:在知识领域,没有任何东西是新的;任何真正新的东西必定是虚假的。全部真理包括所有已知的部分真理,都是神学院的精神祖先——神、半神半人或受到神启的超人——已经知道的。在传给后代的圣经中,精神祖先把他认为适于和可能为人类知晓的真理全部向人们揭示了;在忠实而准确地代代传授圣经的过程中,学院特别注意不要遗漏或误传任何东西。因而,人类真正能知道的任何东西,都已经包含在学院的精神遗产之中。但是,很少有几个人(如果说有的话)能全部占有这一遗产。因为圣经必须要理解,也就是说,圣经中用符号表达的每个个别真理的内容,必须参照对象物作充分全面的思考,而它们与构成宗教知识的所有其他真理的内在联系必须加以认识。①

　　……

　　因此,神学院知识的增长,本质上是评论的累积,卓越的学者以评论的方式向同时代人或后继者诠释经典圣经或早期评论者的作品。这些诠释包括:阐发神赐真理的内容,或揭示它们之间的系统联系,或两者兼有。第一种诠释方法表明,从太古时代就获知的神赐真理(在那时比现在有更充分的理解),包含着被外行科学家或外来观念的引进者错误地认为是新发现的真理;或将用它去诠释近来才观察到的事实。因此,中世纪的学者发现了基督教圣经中包含着古希腊科学的基本真理;某些现代学者把《创世记》第一章对创世的记载解释为包含了一般进化论。最近的历史过程被看作是古代圣经所一般地预期了的(如果不是特别地预见的话);宗教伦理学,虽然是几百年前倡导的,但如果理解恰当,可以为研究现代社会问题提供绝对有效的指导。

　　第二种诠释方法允许宗教学者重新发现某些圣洁的真理,这些真理由于某些理由没有被他的直接前驱传授下来;或者神学院的精神领袖知道人类对于接受这些真理还缺乏准备,但预见到终究会在恰当的时间显示在人们面前,因而有意在当初不向人们揭示。一个具有卓越学识与能力的学者,或者甚

---

　　① 圣经包含了所有真正重要的知识这一观念,当然也一直在非学者和宗教信仰者之间流传着,但是两者的态度明显有别。宗教学者认为,圣经所包含的神赐知识,对于一个没有知识准备的人是无法理解的,只有通过各代思想家的共同努力才能逐渐地得到这些知识;而普通人却自信只须阅读圣经就能获取这些知识。

至一个智力上简单的圣者,在受到神灵的启蒙后,可能会发现这类真理并传送给神学院,因而帮助神学院完善传统的知识。但总是可能产生这类的疑问,即这种发现是真的对原本属于神赐知识体系之真理的重新发现,还仅仅是个别学者的不确定意见(如果不说其为一个错误的话)。要想消除上述疑问,唯一的办法是向人们表明,重新发现的真理与其他已知的在教条里公认为确实的真理之间存在着内在的联系;因而,与后者一样,前者也是全部圣洁真理中的一部分,只有超人的大脑才能获知全部圣洁真理,常人只能窥见零星片段。

不管宗教学者是通过表明古老的真理(学院早就知晓了)已经包含了俗人错误地当成的新知识,还是通过发现学院的精神祖先知道但因某些原因未传至现今的后继者的真理,来为神学院的知识做出贡献,这些贡献都必须经受学院的批评,由他们决定这些贡献能否整合到学术传统的总体之中。在这种情况下,宗教学者的功能一方面深刻地不同于技术专家和圣哲的功能,另一方面也强烈地不同于宗教预言家的功能。所有这些被认为带来了某些个人的、创造性的东西,虽然它们并非与其他人的贡献没有联系,但它依靠的是自己的优点:解决某一技巧问题,某一社会冲突中的决定性论点,上帝向人传递的神秘信息。宗教学者的评论纯粹是非个人的;他频繁地通过智慧巧妙的论证与引证试图证明,他所说的东西没有什么创造性,因此所有这些都以善良的神圣权威为基础。他的贡献仅仅依赖于通过与绝对确实、无所不包、他既不能去证实也无法增添的真理保持一致而获取的力量。

选自[波兰]弗·兹纳涅茨基:《知识人的社会角色》,郏斌祥译,译林出版社,2000年,第69~76页。

3. 盖奥尔格·西美尔*：上级和下级秩序

　　一般而言,谁也不在乎他的影响决定着另一个人,而是重视这种影响对他的反作用,即另一个人的这种被决定对决定者的反作用。因此,在那种抽象的统治欲里,就存在着一种相互作用,通过另一个人的行为或苦难即积极的状况或消极的状况,展现给主体作为他的意志的产物,统治的欲望得到了满足。诚然,这种可以说是唯我主义的实行统治的权力,只不过是一种社会学的未充分发育的形式,统治权力的意义对于上级人员来说,仅仅存在于他的发挥作用的意识里,而根据这种很原始的形式,很少会存在着社会化,犹如在一位艺术家和他的塑像之间不存在着社会化一样,但是,塑像借助他的创造力的意识,反作用到他身上。

　　此外,统治欲望不意味着最极端的利己主义的肆无忌惮,哪怕采取这种升华了的形式,也非如此。统治欲的实际的意义原本不是利用他人,而仅仅是意识到利用的可能性。因为统治欲不管多么想摧毁下级人员的内在的反抗,对他人还总是一种兴趣,他人对统治欲是一种价值,而对于利己主义来说,关心的一般仅仅在于战胜他人的外在的反抗。

　　只有在利己主义甚至也不是统治欲的地方,而是对它来说,他人绝对是无所谓的,仅仅是一种达到在利己主义之外的目的的工具,这时,进行社会化

---

　　*　盖奥尔格·西美尔(Georg Simmel,1858—1918),德国社会学家、哲学家。代表著作有:《历史哲学问题》(1892)、《货币哲学》(1900)、《康德〈在柏林大学举行的 16 次讲演〉》(1903)、《社会学——关于社会化往形式的研究》(1908)、《社会学的根本问题:个人与社会》(1917)。

的彼此相互关联的最后的阴影才会消失。用这种绝对排除一方的任何的固
有意义,来取消社会的概念,相对而言,表现在较晚期的罗马的法学家们的
界定里:社会的强权(societas leonina)根本不能再理解为社会契约。在同样的
意义上,人们也谈到了在现代的大型企业里的下层工人,它们排除由于相互
竞争的企业家争取工人服务的任何有效的竞争:在他们和他们的面包施主
之间在战略的位置上的差异十分巨大,因此,劳工合同从根本上讲再也不是
一种一般意义上的"契约",因为一些人无条件地听任另外一些人的宰割。当
然在这一点上,显示着这条道德的原则:永远也别把一个人当作纯粹的工具
来使用,可以作为任何社会化的公式。倘若一方的意义降低到一种从自我本
身产生的作用不再进入关系的点上,人们就不能谈论是社会,犹如不能谈论
木匠和刨床之间的关系是社会一样。

于是,在一种从属关系之内排除任何的自发性,在现实之中是很罕见
的,比流行的说法所能得出的结论更罕见,对于"强迫""别无他择"和"绝对
必要"等概念,大众的表达方式是十分慷慨的。即使在最咄咄逼人的和最残
酷的屈服的关系里,总还是存在着一种很大程度上的个人的自由。只不过我
们没有意识到它,因为在这类情况下,保障自由付出一些我们一般很不愿意
考虑的牺牲。暴君向我们实行的"无条件的"强迫,事实上总是一种非常有条
件的强迫,即受这样的条件制约的:我们想摆脱迫在眉睫的惩罚或者不顺从
的其他种种后果。

仔细观察,只有在直接对人身进行强暴的情况下,上、下级秩序的关系
才取消下级人员的自由;这种关系往往要求为实现自由付出一种我们不乐
意支付的代价,它可能使明显可见的实现自由的外在条件的范围,越爱越狭
窄,但是,除了在那种人身的强暴的情况下,不可能使外在的条件的范围完
全消失。这种观察的道德方面,在这里与我们无关,然而其社会学方面则可
能与我们有关:相互作用,也就是说,相互决定的和仅仅从个人人格的点上
发生的行动,也存在于上、下级秩序的那些案例里,即相互作用也还使上、下
级秩序成为一种社会的形式。在这种情况下,对于一般的理解而言,一方的

"强迫"剥夺了另一方的任何的自发性,因而剥夺了任何的固有的、本来可能是某种相互作用的一个方面的"作用"。

面对上级秩序和下级秩序关系的巨大作用,对于分析社会的存在来说,最为重要的是采取更为浅显的想象方式,搞清楚下属的主体由于这种关系受到层层的掩盖,如何形成自发性和一起发挥作用。例如,什么叫作"权威",是在比人们一般承认的更高的程度上,以服从权威的人员的某种自由为前提的。即使在权威似乎"压制"着服从者的地方,它本身也不是置于某种强迫和仅仅必须服从之上的。"权威"的固有的形态在极为不同的程度上,在萌芽状态也好,在过分夸张也好,采取紧急突发的形式也好,采取持久的形式也好,对于共同的生活都具有十分重要的意义,权威的固有的形态似乎是通过两条途径产生的。一位在重要性和力量上占优势的人物,要在它比较贴近的周围,或者也在比较遥远的周围获得某种信任和信赖,让他的意见获得某种具有一种客观要求性质的决定性的分量:这位人士为他的各种决定赢得了某一种特权和明显的可靠性,这种可靠性至少比一种主观的个人人格的总是不断变化着的、相对的、要接受批评的价值,胜出一筹。

由于一个人"权威地"发挥着作用,他的意义的量就已经转变为一种新的质,对于他的周围环境来说,这个量仿佛接受了客观性的聚集态。反其道而行之,也会得到同样的结果:一种超个人的强力、国家、教会、学校、家庭或军人的组织,从本身出发授予一位人士以一种永远不可能从个性产生的威望、尊严和最后的决策力量。"权威"的本质是:一个人以其把握性和承认的强制作决定,这种把握性和承认的强制从逻辑上讲,仅仅赋予超人格的事务性的公理或演绎。在这里,"权威"仿佛是自上而下地降落到一个人身上;在前一种情况下,它是由个人的品质升腾而上的,就像通过同等血缘(generatio aequivoca)产生的一样。

显而易见,在这种过渡和转变的点上,已经开始了服从权威的人员的或多或少的自愿的信仰;因为在超人格的价值和个人人格的价值之间的那种转化,是由权威的信仰者自身完成的,这种转化对个人人格的价值作了一种哪怕是十分微不足道的增加,增加可向个人证明的、理性的东西,它是一种社会学的事件,这种事件也要求服从的要素的自发性一起参与发挥作用;是的,甚至人们感到一种权威"令人压抑",这也表明另一个人原本以之为前提的和永远不能完全排除的独立自主。

　　选自[德]盖奥尔格·西美尔:《社会学——关于社会化形式的研究》,林荣远译,华夏出版社,2002年,第95~97页。

4. 李维斯·科赛*:社会冲突的功能

安全阀制度的优与劣

　　"一个成员与另一个同伙的对立,并不是一种纯粹消极的社会因素,只要这种对立成为那些实际上不堪忍受的人生存下去的唯一手段的话, 就是如此。如果我们甚至连反抗暴政、专制及令人不愉快和感到不得体的事物的力量和权力都没有,我们就无法与那些其特点使我们深受其害的人建立关系。我们就会感到应采取一种铤而走险的步骤, 也许这实际上并没有造成'冲突',但关系将告结束。这不仅因为不反抗和没有保护,压抑感就会增加,而且也由于反抗的行为本身也会赋予我们一种内在的满足、乐趣和宽慰……我们的反抗会使我们感到,我们并不完全是环境的牺牲品。"①

　　在这里,齐美尔所要说的是,在压力存在的条件下,冲突中敌意的表达可以维持他们的关系,这样,敌意的表达就具有一种积极的功能,它可以通过使有敌意的参与者退出来而使群体不至于解体。

　　由于冲突调节着关系系统,因此可以认为它发挥了维护群体的功能。冲

---

　　*　李维斯·科塞(Lewis A. Coser,1913—2003),美国社会学家,曾担任美国社会学学会主席,功能冲突论的创始人。师从默顿(Robert King Merton),主要著作有:《社会冲突的功能》(1956)、《理念人》(1965)、《社会冲突研究续编》(1967)、《社会思想名家》(1970)、《贪婪的制度》(1974)、《在美国的流亡学者》(1984)。

　　①　Simmel, *Conflict*, op.cit., p.19.

突"清洁了空气"，也就是说，它通过允许行为的自由表达，而防止了被堵塞的敌意倾向的积累。齐美尔模仿莎士比亚笔下约翰王的口气说："没有暴风雨，将会是一个多么污浊的天空。"

初看起来，与他一贯的倾向相反，齐美尔似乎只是考虑到冲突对一方的影响，即感到苦恼的一方，而没有考虑到互相的反应。但实际上，齐美尔考察冲突对感到苦恼的个人或群体的"宣泄"功能，只是由于他看到"宣泄"可以使关系，即互动模式得以维持。

但是，上面我们已经看到，齐美尔并没有能够对冲突行为和敌意情绪进行区分，这就再次使我们陷入了困境。冲突必定会改变原来参与者的关系项，相反，仅仅是敌意就不一定有这样的影响，它可能使原来的关系项原封不动地保留下来。

当转到个人宣泄的重要性的时候，我们就会注意到，齐美尔忽视了一个问题，这个问题可以理论化为一个心理学的观点：积累起来的敌意和进攻性情绪不仅可以向敌意的原初对象发泄，也可以向替代目标发泄。很明显，齐美尔只是考虑到了与最初的对立对象的直接冲突。他没有考虑到这样的可能性，即除冲突以外的其他行为模式也可以至少部分地承担与冲突相似的功能。

齐美尔于 19 世纪末 20 世纪初在柏林写作他的著作时，对大约同时发生在维也纳的心理学的革命性进展是不熟悉的。假如他熟悉这些新的心理分析理论的话，他也许就不会产生这样的假设，即只有在针对敌意的真正起因的情况下，敌对情绪才能在冲突行为中发泄出来。他并没有认识到这样的可能性，即在针对原初对象的冲突行为被阻止的情况下，①敌对的情绪会转向替代目标，②只有通过紧张状态的释放才会得到替代性的满足。在这两种情况下，原有关系的连续性仍可以保持下去。

为了对现在的命题进行考察，必须坚持对敌对情绪和它的行为表现进行基本的区分。敌对情绪在行为中的相应表达，至少有三种可能的类型：①对作为挫折源的个人或群体直接表示敌意，②这种敌对行为指向替代目标，

③可以提供满足感的释放紧张状态的活动本身并不需要对象或替代对象。

可以说，是齐美尔提出了关于冲突的"安全阀理论"。冲突充当了释放敌意的出口，如果不提供这种出口，就会损害对立双方的关系。

德国人种学家舒尔茨①创造了"排气孔"这个词，用来指原始社会中为敌意和被群体压抑的一般内驱力提供制度化出口的习俗和制度。放荡仪式就是一个方便的例子，在这种仪式中，对于通常的性行为规则和回避规则可以加以违犯，但又不产生破坏性。正如德国社会学家菲尔坎特所指出的，这种出口等于为被堵塞的河流提供了一条河道，它使社会生活的其他部分免于受到毁灭性的影响。②

但是，按照我们刚才所作的区分来理解"安全阀"这个概念，还是比较模糊的，对于替代对象的攻击以及在其他类型的活动中敌对能量的释放也可以说起了安全阀的作用。像齐美尔一样，舒尔茨和菲尔坎特也没有对排气孔和安全阀制度进行区别，前者是为进行冲突而又不导致中断群体内的关系提供社会认可的框架，而后者则是使敌意转向替代目标，或说是起发泄释放的通道的作用。

从天文学的社会中可以更容易得到有关的例子，这也许是由于人类学家要比研究西方社会的学者更系统地关心这个问题，当然后者也为我们提供了一些有关的资料。欧洲和前文明社会中决斗的制度就为我们提供了一个安全阀习俗的例子，决斗为对原初对象的敌意提供了人们认可的出口。决斗实际上把一种毁灭性的、进攻性的自助置于社会控制之下，并成为社会成员之间敌意发泄的直接出口。这种由社会进行控制的冲突可以在参与者之间起"清洁空气"的作用，并重新建立双方的关系。如果决斗参与者的一方被杀死了，他的亲属和朋友也不继续对这个对手抱有敌意：这样，事情"由社会了结了"，关系得以延续。

---

① Heinrich Schurtz, *Altersklassen und Maennerbuende*, Berlin：G. Reimer，1903.

② Alfred Vierkandt, *Gesellschaftslehre*, Stuttgart：Ferdinand Enke，1928，pp.304–305.

那些得到社会赞成,并由社会加以控制和限制的复仇行为也属于同样的类型。

……

安全阀制度的使用①会导致对行动者目标的替代:他不再需要将目标放在解决令人不满意的状况上,而仅仅是要释放由此所产生的敌意。在这种情况下,令人不满意的状况仍保持不变或变得更加严重。下一个命题将会表明,目标是否被替代将是冲突理论中的一个重要变数。

心理学家在实验中已经表明,公开的攻击会比不公开的攻击获得更多的满足;②同样,至少可以有这样一种假设,直接对目标发生的冲突比通过安全阀制度将攻击引开对社会系统具有的反功能要小。

提供替代性释放攻击通道的制度对社会系统的反功能,在有些方面类似于精神病对个性系统的反功能。精神病就是压抑的结果,同时,它为被压抑的内驱力提供局部的满足。由于阻塞而增加的内驱力"从无意识中找到了另一条通道……结果是一种病症,而从本质上来说则是一种替代满足……这种病症并不能完全逃脱自我的压抑性力量,因此它必须要进行变动或被取代……这种病症是处在被压抑……的本能和压抑性的自我妥协的状态中……它代表了要同时满足冲突双方的愿望,但对任何一方都不可能彻底满足"③。"在无意识中,被压抑的思想保留着行动的能力,因此必须保持它的通畅。"④

……

根据上面所讨论的思想,我们可以把齐美尔的这个命题重新整理如下:

(1)冲突对其发生于其中的关系并不总是反功能的,冲突经常是为维护

① 我们使用"安全阀制度"这个术语是用以表示将敌对感情引向替代对象的制度(或为这种转移提供替代手段的制度),而不是指这种制度可以使冲突表现出来。

② See,e.g.,Leonard W.Doob and Robert S.Sears,*Factors Determining Substitute Behavior and the Overt Expression of Aggression*,J.Abn. Soc. Psych.,XXXIV(1939),pp.293-313.

③ Sigmund Freud,Psycho-Analysis,*Collected Papers*,London:The Hogarth Press,1950,p.121.

④ Sigmund Freud,The Unconscious,*Collected Papers*,London:The ifegarth Press,1950,p.112.

这种关系所必需的。如果没有发泄互相之间的敌意和发表不同意见的渠道，群体成员就会感到不堪重负，也许会用逃避的手段做出反应。通过释放被封闭的敌对情绪，冲突可以起维护关系的作用。

（2）社会系统提供排泄敌对和进攻性情绪的制度。这些安全阀制度通过阻止其他方面可能的冲突或通过减轻其破坏性的影响而有助于维护这个系统。这些制度提供敌对情绪的替代目标以及发泄的手段。通过这些"安全阀"，敌意不至于指向原初的目标。但是，这种替代也要由社会系统和个人付出代价；它会减轻迫使系统发生变动以适应变化了的条件的压力，并使紧张由于阻塞而在个人中积聚起来，这样就造成了毁灭性爆炸的潜在性。

冲突——整合器

就定义来看，陷入冲突意味着与另一方建立起某种关系。但是齐美尔认为，事情还不止如此。他认为，一旦关系通过冲突而建立起来，其他类型的联系可能随之而来。此外，在他的文章中，他主张"原始群体间的相互关系几乎都是敌对的"。所以"在文化的早期阶段，战争几乎是导致与异己的群体发生关系的唯一形式"。

尽管根据较新的人类学[①]资料来看，这种观点肯定失之偏颇，但是，战争不论就其原始形式，还是就其现代形式来看，它都确实是两团体间建立关系的手段之一。战争导致了先前毫无联系的两种不同文化之间建立起某种关系，并由于相互补充而相得益彰（如像罗马史和近代帝国主义扩张史所表明的那样）。

齐美尔当然也已意识到，战争经常导致参战一方的完全毁灭，例如美洲印第安部落和其他土著文化几乎被彻底消灭了。他只是认为，除非处于这样一种极端的境地，即近似刺客对其对象所施加的那种攻击，否则战争有助于

---

①　Cf. Malinowaski's essay on war, op.cit. See Joseph Schneider, Primitive Warfare: A Mothodological Note, *American Sociological Review Press*, 1950, pp.772–777.

产生其他的互动形式。

……

根据齐美尔对其命题的一些解释，真正使对抗者结合的不是这样的冲突本身，而且他们共享的价值准则——因此整合与其解释为冲突行为的功能，不如说是公共价值准则的功能。这不是一个令人满意的解释。①齐美尔表明，具有结合功能的价值或规范通过冲突而为人们所意识，因此，冲突远不只是使价值准则得以肯定的偶然因素，而是一个重要契机和关键。

这个关于规范通过冲突或在冲突中得到改进和形成的讨论，使我们能够对为什么说冲突对社会是有功能的这一问题有了更清楚的了解。我们很快就将更加具体地看到，冲突是这样一种机制，通过它，社会能在面对新环境时进行调整。一个灵活的社会通过冲突行为而受益，因为这种冲突行为通过规范的改进和创造，保证了它们在变化了的条件下延续下去。换句话说，一个僵化的社会制度，不允许冲突发生，它会极力阻止必要的调整，而把灾难性崩溃的危险增大到极限。

重新归纳齐美尔的命题如下：

冲突产生了对抗者之间其他类型的互动，即便两者先前毫无联系。它通常也发生在一定规范的范围内，这种规范规定了它得以表现的形式。冲突扮演了一个激发器的角色，它激发了新规范、规则和制度的建立，从而充当了促

---

① 我们必须对 G.辛普森对齐美尔的冲突理论的批评进行反驳。在辛普森看来(《冲突与社区》第26页)，齐美尔虽然也认为经由冲突形成的整合是一种社区整合。但他所举的冲突的例子却不是发生在社区之内，而是发生在没有社区基础的两个群体之间。辛普森说，这些没有社区基础的群体其本身有着更坚强的团结，但在冲突发生后，就会带来更多的分裂。得到整合的只是胜利的群体以及失败的群体本身。在辛普森看来，齐美尔似乎有这样的意思，即只有从一开始就是同一个社区的组成部分的群体才能通过冲突加以整合(实际上齐美尔并没有提出这样的观点)。

说齐美尔的例子都是来自于非社区化的群体，这是不确切的；有些例子涉及到婚姻和家属群体，这些群体都是典型的社区。因此，在现在这个命题中，齐美尔明确地认为，像这样的冲突即使在从一开始就没有社区化的群体之间也是一种社会化的因素，他还为他的这个观点提供了例证。

但从更根本上说，辛普森论点的关键缺点是他将社区性群体和非社区性群体截然分割开来。对于特定社区的归属，是根据不同的背景加以规定的；正如齐美尔在第一个命题中所指出的，社区之间的疆界并不是固定不变的，其中有的疆界随冲突的"切割线"而变动。当然，在某种情况下对社区性和社区性冲突加以区别是有用的。但必须记住，这只是一个程度问题，而不是类型问题，各方所认为的社区的边界线，都是不断变化的(参见齐美尔《社会学》第六章，论在不同背景中群体联盟的转交)。

使敌对双方社会化的代理人。此外,冲突重新肯定了潜伏着的规范,从而强化了对社会生活的参与。

作为规范改进和形成的激发器,冲突使与已经变化了的社会条件相对应的社会关系的调整成为可能。

选自[美]L.科塞:《社会冲突的功能》,孙立平等译,华夏出版社,1989年,第1~16页、第24~34页、第106~114页。

四

社会批判理论

1. 马克斯·霍克海默*：批判理论

传统理论与批判理论

我们现在必须进一步说，有一种以社会本身为对象的人类活动。①这种活动的目的不是简单地消除一种或另一种滥用，因为它认为这类滥用与社会结构的组织方式有必然的联系。尽管它本身产生于社会结构，但它的目的却不是帮助这个结构的任一要素更好地运行；不管从它的主观意图还是从其客观意义来说，都是如此。相反，当较好的、有用的、恰当的、生产性的和有价值的范畴被人们在现存社会秩序中加以理解时，它怀疑它们，并拒绝承认它们是我们对之无能为力的非科学的先决条件。一般说来，个人必须坦白地承认他存在的基本条件是给予的东西，他必须努力完善它们。由于完成了和能够完成与他的社会地位有联系的任务、由于勇敢尽职（虽有尖锐的批评，他可能仍愿意去做某件事），他得到了满足和赞赏。但我们说的批到态度却根本不相信现存社会为其成员提供的行为准则。个人承认给他的行动规定的限度

---

　　* 马克斯·霍克海默（M. Max Horkheimer，1895—1973），法兰克福学派创始人，20 世纪 30 年代致力于建立一种社会批判理论，代表著作有：《传统理论和批判理论》（1937）、《启蒙的辩证法》（与阿多诺合著，1947）、《理性之蚀》（1947）、《对西德社会科学的审视》（1952）、《论自由》（1962）、《工具理性批判》（1967）、《批判的理论》（1968）、《社会哲学研究》（1972）。

　　① 以下段落称这种活动为"批判的"活动。在这里，我们不是在唯心主义的纯粹理性批判那个意义上使用这个术语，而是在政治经济学的辩证批判这个意义上使用这个术语。它表明了辩证社会理论的根本方面。

是自然的,因为个人和社会是分离的。批判理论把这种分离看作是相对的。它认为,由个人活动之间的盲目作用决定的整个社会结构(现存的劳动分工和阶级划分)是一个起源于人类活动的函数,因而是一个能够有计划地决定并合理地规定目标的对象。

在采取了批判态度的人看来,现存社会整体的两面性是一个有意识的对立。他们认为现存经济形式及由此产生的全部文化都既是人类劳动的产物,又是人类目前能够并且已经给自己提供的组织的产物。因此,他们认同于这个整体,并认为它就是意志和理性。这个整体是他们自己的世界。同时,他们也感受到,社会可以与非人的自然过程、可以与纯粹的自然作用相比拟,因为由战争和压迫支撑着的文化形式并不是一个统一的、自觉的意志的创造物。这个世界不是他们自己的世界,而是资本的世界。

因此,从前的历史不能被真正地理解,只有其中的个人和特殊群体是可以理解的,而且这些个人和群体也并不是完全可以理解的。因为他们对非人社会天生的依赖性表明,这些个人和群体即使在有意识的活动中,也有很大程度的机械性。这样,具有批判思想的人与社会认同的特征就是紧张,而紧张又是一切批判思想概念的特征。因此,这类思想家对劳动、价值和生产率等经济范畴的解释,刚好同他们在现存社会制度中得到的解释一样。而且,他们还把其他任何解释都看作是唯心主义的。但他们同时认为,简单地接受解释是不诚实的;批判地接受支配着社会生活的范畴,同时就包含着他们的宣判。当代人自我解释的这种辩证特征,归根结底也是那种使康德的理性批判晦涩难懂的东西。只要人还作为一个缺乏理性的有机体的成员活动,理性就不能洞悉自身。作为一个自然地发展和衰亡的统一的有机体,不能成为一种社会模型,而只是一种社会必须由之解放出来的僵死的存在形式。打算实现这种解放、打算改变整个社会的态度,可能会有助于在既存现实范围内进行的理论工作。但这种态度缺少实用性——传统思想作为一种有社会用途的专业活动所固有的实用性。

在传统的理论思想里,个别客观事实的起源、思想借以把握事实的概念系统的实际应用以及这类系统在活动中的地位，都被看作是外在于理论思想本身的东西。这种异化用哲学术语表达就是价值与研究、知识与行动以及其他极端之间的分离，它使学者免于陷入我们指出的那些紧张，并给他的活动提供一种确定的框架。但是，一种不接受这种框架的思想似乎有它不接受的理由。如果理论过程不借助于可以达到的最简单、最分化的概念系统去规定客观事实，那么，它除了是一个无目的的智力游戏（半是概念诗歌、半是精神状态的软弱表达）之外，还能是什么呢？对事实和理论的社会条件作用的研究可能确实是个研究课题，甚至可能是理论工作的全部领域，但这类研究怎么能根本不同于别的专门研究呢？意识形态研究或知识社会学已经从社会批判理论中分离出去，成为一门具体学科，因而它们无论在目标上还是在其他追求上都不与分类科学范围内进行的常规活动相对立。

在这种对批判理论的反应里，思想的自我意识本身被归结为发现理智立场和这种立场的社会定位之间的关系。由于批判态度的构造物旨在超出通常的社会活动方式，它与如此构想的社会学科的关系，并不比它与自然科学的关系更密切。一般说来，它与传统理论概念的对立，与其说是产生于客体的不同，不如说是产生于主体的不同。由于事实是从社会劳动中产生出来的，所以，对具有批判思想的人来说，事实不是外在的东西，不像学者或其他跟狭隘的学者一样思考的专门人才所认为的那样。后者期待一种新型的劳动组织。但就知觉给予的客观实在被认作是原则上应该由人类控制的产物，或至少在将来会实际上由人类控制的产物而言，这些事实已经失去了纯粹事实的特征。

　　……

正如在传统理论那里一样，在批判理论这里也必须引入比较特殊的要素，以便从根本结构前进到具体现实。这种添加比较详细的要素（如大量货币储蓄的存在、这些储蓄分布在仍处于前资本主义状态的社会各部门、国际贸易）的活动，绝不是由简单的理论上的推演完成的；这种推演早就由于专门使用的关系而被简化了。相反，这种添加活动的每一个步骤都依赖于贮存在科学和历史经验中的关于人和自然的知识。当然，这一点对有关工业技术的理论来说是很明是的。但在其他领域，关于人们如何反应的细节知识也通过我们提到过的学说的发展而得到应用。例如，在某些情况下社会最低阶层拥有大多数儿童这个陈述，说明建立在交换基础上的市民社会如何不可避免地导向包含着工业后备大军和危机的资本主义社会时起着重要作用。不过，从心理学上说明关于下层阶级的观察事实这个工作可以留给传统科学。

因此，社会批判理论以简单商品交换观念为起点，并借助于相对普遍的概念来定义这个观念。然后，它利用可以得到的全部知识并从他人的研究以及专门研究中挑选合适的材料，以便继续前进。批判理论不否认它的原则是由政治经济学这门特殊学科确立起来的，它说明，在人的条件给定了的情况下（当然，这种条件在交换经济的影响下发生变化），交换经济必然导致社会紧张关系的加剧，而这种紧张关系在当今历史时代里又必然导致战争和革命。

这种概念的必然性和抽象性既像又不像传统理论里的同类现象。如果证明了关于普遍定义有效性的论断包括一个关于某些实际关系将会出现的论断，那么，这两种理论就都有严密的演绎。例如，如果你研究电，那么，如此这般的特征属于电的概念，如此这般的事件必定出现。就社会批判理论从简单交换概念中推出现存条件而言，它包括了这种必然性，尽管陈述使用了假设形式，这一点相对说来并不重要。就是说，重点并不在于这个思想（尽管这个思想是真的）：一旦建立在简单交换基础上的社会占主导地位，资本主义就必定会发展起来。相反，重点在于这样的事实：既存的资本主义社会是从基本的交换关系中产生出来的；它已从欧洲扩展到了全世界，而批判理论宣布适用的正是这个资本主义社会。甚至专门科学的分类判断也具有根本上的假说性质，而存在判断（假如确有其事的话）只在某些领域即学科的描述部分和实践部分里允许存在。①但社会批判理论就其总体而言是个别存在判断的

① 判断形式和历史时代之间有联系。简要地提示一下就可以说明它的意思。分类判断是前市民社会的特征，这是既存的状况，人对它无能为力。假说和选择形式尤其是属于市民世界：在某种情况下才能出现此种结果，这种结果或是这样或是那样。批判理论主张，这种结果不必有这么多的限制；人能改变现实，而进行这种改变的必要条件已经存在了。

呈现。从广义上说，批判理论指出，作为近代史基础的、历史地给定了的商品经济的基本形式，本质上包含了当今时代的内部和外部的紧张关系。当今时代以越来越强的形式一再产生这些紧张关系。在一个进步时期、一个发挥人类力量和争取个人解放的时期之后，在人类对自然界的控制有了巨大扩展之后，当今社会最后要阻碍进一步的发展，并把人类驱向新的野蛮状态。

……

当代公共生活中盛行的对理论本身的敌视，实际上针对的是与批判思维相联系的改造活动。一旦理论家们不仅限于借助尽可能中立的范畴，即为既存生活方式所必需的范畴去证明和分类，他们之间立刻就会出现对立。大多数被统治者有一种无意识的恐惧，害怕理论思想证明他们费尽心机才适应了的现实是反常的和不必要的。那些现存状况的得益者一般地怀疑任何理智独立性。那种认为理论是实证观点的对立面的倾向极其强大，以致无害的传统理论有时也深受其害。由于目前最先进的思想是社会批判理论，由于每种始终如一的和关心人的思想运动都借助自己的内在逻辑会聚到了批判理论中，所以一般意义的理论也落了个坏名声。每一种没有用极熟悉的范畴和（要是可能的话）极中立的形式提供事实贮存的科学陈述，都会被谴责为理论陈述，如数学陈述就已经受到了这样的谴责。

这种实证主义态度不必简单地敌视进步。在近几十年剧烈的阶级冲突中，虽然统治者们已经不得不越来越依靠现实的统治机器，但意识形态对维系一个有崩溃之虞的社会结构来说仍然是相当重要的凝聚力量。在抛弃一切幻想、只考察事实的决定里，仍然潜伏着反抗形而上学与压迫力量结成的联盟的因素，甚至在今天也是如此。

……

只要改造社会的观念还不具备得到检验的实际可能性，这种观念就不会获得广泛接受的优势。对一种社会状态的追求——在那个社会里，没有剥削或压迫；在那里，存在着包罗万象的主体，即自我意识的人类；在那里，能够谈论统一的理论创造物和超越个人的思想；——对所有这一切的追求还没有实现。当然,以尽可能精确的形式传达批判理论,是批判理论取得历史性胜利的条件。但传达不会通过稳固确立的实践和固定的行动方式发生,而将通过对社会变革的关心发生。这种关心必然会被普遍的不公正重新唤起,但它必须由理论加以塑造和指导,然后再反作用于理论。

这个传统的传达者集团既不会被有机的或社会学的规律减弱,也不会被它们加强。这个集团不是由生物继承或遗嘱继承,而是由带有特殊义务的知识来构成和维持的。即使这种知识也只保证当代传达者团体,而不管未来的传达者团体。理论可能打上了每种逻辑标准都批准了的标记,但到那个时期结束的时候,它就会缺乏胜利所带来的批准印章。直到那时,斗争也仍然会正确把握和应用理论。拥有宣传机器和争取了大多数人的理论观点,并不因而就是比较好的观点。在总体性的历史剧变中,真理可能掌握在少数人手里。历史告诉我们,这样一组数目很少的人,甚至连那些反对现状、受到放逐但沉着冷静的人都很少注意的人,由于他们有深刻的洞察力,因而可能在决定性时刻成为领袖人物。

今天,当现存社会状态的全部力量正在逼迫人类放弃一切文化并把人类推向黑暗的野蛮状态时,那个团结一致的团体人数极少。他们的对手——这个衰退的时代的主人,实际上既无忠诚又无团结。相反,这样的概念却是正义的理论和实践的要素。脱离了这样的理论和实践,这些概念的意思就会发生变化,正如生活整体的所有组成部分一样。当然,人类社会的积极品质确实能够出现在贼帮那里,但这种可能性正好表明在存在贼帮的大社会里缺少这些品质。在非正义的社会里,罪犯作为人来说,并不必然是低贱的;而在完全正义的社会里,他们就会是无人性的。只有在上下关系中,关于人的本质的特殊判断才能获得正确的意义。

不存在判断整个批判理论的普遍性标准,因为批判理论总是以事件的重复出现,因而是以自我再生的总体为根据的。也不存在可以由对批判理论的接受加以指导的社会阶级。今天,每个社会阶层的意识都有可能受到意识形态的限制和腐蚀,不管它在自己所处的境况中是多么专心于真理。虽然批判理论洞察到了社会变化的个别步骤,虽然批判理论的要素与最先进的传统理论一致,但它除了关心消除社会不公正之外,并没有特殊的影响。要是我们愿意抽象地进行表达的话,这种否定性的表述就是唯心主义理性概念的唯物主义内容。

在目前这样的历史时期中,真正的理论更多的是批判性的,而不是肯定性的,正如相应于理论的社会不能叫作"生产性的"一样。人类的未来依赖于现存的批判态度;这种态度当然包括传统理论要素和普遍衰退的文化要素。人类已经被一种虚幻地、自满自足地考虑实践构造的科学遗弃了;这种科学所从属并为之服务的实践,就好像某种在科学界限之外的东西一样;这种科学满足于思想与行动的分离。然而,思想活动的特征是独立地确定它应该干什么工作,尽什么职责,而这种工作和职责又不是零散地完成的,而是整体性地完成的。因此,思想活动的内在本性使它面向历史的变化,面向人们之间公正关系的建立。在大声疾呼"社会精神"和"国家共同体"的背后,个人与社会的对立变得空前巨大。科学的自我定义变得空前抽象。但是,思想上的顺从主义和坚持思想是社会整体中的一个固定行业、一个自我封闭的王国的观点,都背叛了思想的本质。

选自[德]马克斯·霍克海默:《批判理论》,李小兵等译,重庆出版社,1990年,第198~206页、第214~220页、第227~229页。

2. 马克斯·霍克海默和
西奥多·阿道尔诺*:作为大众欺骗的启蒙

　　如果社会学理论认为,客观宗教的基础已经不复存在了,前资本主义社会最后剩下的残渣余孽已经彻底消解,技术和社会层面上的分化和专业化已经确立起来,而所有这些造成了文化混乱的局面,那么,人们通常都会认为这是谎言;因为在今天,文化给一切事物都贴上了同样的标签。电影、广播和杂志制造了一个系统。不仅各个部分之间能够取得一致,各个部分在整体上也能够取得一致。甚至对那些政治上针锋相对的人来说,他们的审美活动也总是满怀热情,对钢铁机器的节奏韵律充满褒扬和赞颂。不管是在权威国家,还是在其他地方,装潢精美的工业管理建筑和展览中心到处都是一模一样。辉煌雄伟的塔楼鳞次栉比,映射出具有国际影响的出色规划,按照这个规划,一系列企业如雨后的春笋突飞猛进地发展起来,这些企业的标志,就是周围一片片灰暗的房屋,而各种商业场所也散落在龌龊而阴郁的城市之中。在钢筋水泥构筑的城市中心的周围,是看起来像贫民窟似的旧房子,而坐落在城市周边地区的新别墅,则以其先进的技术备受称赞,不过,对那些简易房屋来说,过不一了多久,它们就会像空罐头盒一样被抛弃掉。城市建

　　＊　西奥多·阿道尔诺(Theodor Wiesengrund Adorno,1903—1969),德国哲学家、社会学家、音乐理论家,法兰克福学派第一代的主要代表人物,社会批判理论的奠基者。代表著作有:《启蒙辩证法》(1947)、《新音乐哲学》(1949)、《多棱镜:文化批判与社会》(1955)、《否定的辩证法》(1966)、《美学理论》(1970)等。

房规划是专门为个人设计的,即带有一个小型卫生间的独立单元,然而,这样的设计却使这些个人越来越屈服于他的对手:资本主义的绝对权力。正因为城市居民本身就是生产者和消费者,所以他们为了工作和享受,都搬到了市中心,他们的居住单元,也都聚集成了井井有条的住宅群。

宏观和微观之间所形成的这种非常显著的一致性,恰恰反映了人们所具有的文化模式:在这里,普遍性和特殊性已经假惺惺地统一起来了。在垄断下,所有大众文化都是一致的,它通过人为的方式生产出来的框架结构,也开始明显地表现出来。那些高高在上的人不再有意地回避垄断:暴力变得越来越公开化,权力也迅速膨胀起来。电影和广播不再需要装扮成艺术了,它们已经变成了公平的交易,为了对它们所精心生产出来的废品进行评价,真理被转化成了意识形态。它们把自己称作是工业;而且,一旦总裁的收入被公布出来,人们也就不再怀疑这些最终产品的社会效用了。

利益群体总喜欢从技术的角度来解释文化工业。据说,正因为千百万人参与了这一再生产过程,所以这种再生产不仅是必需的,而且无论何地都需要用统一的需求来满足统一的产品。人们经常从技术的角度出发,认为少数的生产中心与大量分散的消费者之间的对立,需要用管理所决定的组织和计划来解决。而且,各种生产标准也首先是以消费者的需求为基础的,正因为如此,人们才会顺顺当当地接受这些标准。结果,在这种统一的体系中,制造与上述能够产生反作用的需求之间便形成了一种循环,而且越演越烈。然而,却没有人提出,技术用来获得支配社会的权力的基础,正是那些支配社会的最强大的经济权力。技术合理性已经变成了支配合理性本身,具有了社会异化于自身的强制本性。汽车、炸弹和电影将所有事物都连成了一个整体,直到它们所包含的夷平作用演变成一种邪恶的力量。文化工业的技术,通过祛除社会劳动和社会系统这两种逻辑之间的区别,实现了标准化和大众生产。这一切,并不是技术运动规律所产生的结果,而是由今天经济所行使的功能造成的。需求不再受中央控制了,相反,它为个人意识的控制作用所约束。电话和广播具有两种截然不同的作用,这简直可以说是一种飞跃。

电话还依然可以使每个人成为一个主体,使每个主体成为自由的主体。而广播则完全是不民主的:它使所有的参与者都变成了听众,使所有听众都被迫去收听几乎完全雷同的节目。人们还没有设计出解答器,私人不可以随便设立电台。因此,所有人都被纳入到了真伪难辨的"业余爱好者"的范围之中,而且不得不接受这样的组织形式。在官方广播中,人们从公共生活那里形成的所有自发性都受到了控制,都受到了训练有素的监听者、视听领域的竞争者以及各种经过专家筛选的官方广播节目的影响。对那些很有才干的节目制作人来说,早在他们借助工业把自己展现出来以前,他们就已经把自己划入到工业范围以内了;否则,他们不会如此投入地从事这项工作。

公众的态度,在名义上和实际上都支持着文化工业体系,因此它也是这个体系的一部分,并没有被排除在外。如果某个艺术部门所遵循的程序与某个具有不同媒介和内容的部门相同,如果广播肥皂剧的戏剧情节变成了一种可供利用的素材,用来说明如何控制音乐体验的两种极端形式(爵士乐和廉价的模仿)的各种技术问题,如果贝多芬交响乐中的一个乐章被野蛮地"改编"成一段电影音乐,或者托尔斯泰的小说被同样篡改为电影脚本,那么我们与其说这样做是为了满足公众自发的愿望,还不如说是在夸夸其谈。如果我们解释了这些技术机制和人事机构所固有的现象,我们就进一步接近了事实,当然,这些机制和机构从头到尾都不过是经济选择机制的一部分。除此之外,所有权力执行机构还达成了这样的共识,或者至少说是一种决定作用,即任何生产方式和制裁方式都必须符合它们自己所确立的法则以及对消费者所持有的观念,总之,必须符合它们自身。

在我们的时代,社会的客观趋势是以公司经理们的主观秘密决定表现出来的,他们中间最重要的人物掌管着最强大的工业部门,如钢铁、石油、电力和化工等部门。相比而言,文化垄断就显得弱一些,并带有一定的依赖性。如果文化垄断在大众社会中的活动领域(在这个领域里,生产出来的是一种特殊形式的商品,不论怎样,这一商品都已经与随心所欲的自由主义和犹太知识分子十分紧密地联系起来了)并不在于实施一系列的清洗运动,那么它们就不可能不姑息真正的掌权者。最有实力的广播公司离不开电力工业,电影工业也离不开银行,这就是整个领域的特点,对其各个分支机构来说,它们在经济上也都相互交织着。所有行业都这样紧密地联系在一起,而且,人们一旦把注意力集中起来,就会忽略不同企业和技术分支部门之间的界线。文化工业的一致性,恰恰预示着政治领域将要发生的事件。当然各类企业之间有着明显的不同,各类不同价位的杂志所讲述的故事之间也各不相同,不过,所有这些并非取决于主观因素,而取决于消费者的分类、组织和标定。某些东西是提供给所有人的,谁也摆脱不掉;与此同时,各种区别也应该得到强调和扩充。能够引起公众关注的是,批量生产的产品不仅具有不同的质量,而且也有一定的等级次序,这样,完整的量化原则也就变得更完备了。每个人都似乎会自发地按照他先前确定和索引好的层面来行动,选择适合于他这种类型人的批量产品的类型。消费者的统计数据经常可以在组织研究的图表上反映出来,并根据收入状况被分成不同的群体,分成红色、绿色和蓝色等区域;这样,技术变成了用于各种宣传的工具。

如果我们证明了所有被强行划分开来的产品最终都是相同的,那么我们也就看清了这一程序如何形成的问题。从根本上说,克莱斯勒公司与通用汽车公司的产品之间的区别,不过是好奇心不同的孩子们所产生的幻觉而已。鉴赏家们之所以能够指出各种产品的优劣,只不过是为了维持竞争的假象和选择的范围罢了。华纳兄弟公司和迈尔公司的产品也属于同样的情况。然而,甚至对那些由一个公司生产的价格较高与价格较低的产品来说,它们之间的差别也越来越小了:就拿汽车工业来说吧,汽缸数量、容量以及专利部件之间的细微差别已经不太大了;对电影公司来说,电影明星的数量,对技术、劳动和设备的过度利用,以及对新近心理学程式的引介,也都属于同样的情形。普遍的业绩标准就是"知名产品"的总额,以及公开投资的总倾。文化工业变化多样的预算,与产品的实际价值及其所固有的价值是不相符的。就它的技术媒介来说,也越来越统一起来了。电视的目的就是要把电影和广播综合在一起,它之所以还没有能够做到这一点,是因为各个利益集团还没有达成一致,不过,电视迟早要产生巨大的影响,它会使审美迅速陷入极端贫困的状态,以至于在将来,所有罩在工业文化产品上的厚重的面纱都将被打开,都会以嘲弄的方式实现瓦格纳的总体艺术作品(Gesamtkunstwerk)之梦,所有艺术都会融入在一件作品之中。语词、图像和音乐的结合,将要比《特里斯坦》更加完美,因为各种感性的成分既在表面上恰如其分地反映了社会现实,又从根本上体现在了同样的技术进步之中,变成了具有其特定内容的统一体。这一过程整合了所有生产要素:从电影改编成的小说,到最后制作成的音响效果。所有这一切,都是投资资本取得的成就,资本已经变成了绝对的主人,被深深地印在了在生产线上劳作的被剥夺者的心灵之中;无论制片人选择了什么样的情节,每部形片的内容都不过如此。

选自[德]马克斯·霍克海默、[德]西奥多·阿道尔诺:《启蒙辩证法——哲学断片》,渠敬东、曹卫东译,上海人民出版社,2006年,第107~152页。

3. 赫伯特·马尔库塞*:"单向度的人"

单向度的社会:控制的新形式

一种舒舒服服、平平稳稳、合理而又民主的不自由在发达的工业文明中流行,这是技术进步的标志。说实在的,下述情况是再合理不过的了:个性在社会必需的却令人厌烦的机械化劳动过程中受到压制;个体企业集中为更有效、生产效率更高的大公司;对设备不平衡的经济单位间的自由竞争加以调节;削减对组织国际资源起阻碍作用的各种特权和国家主权。这种技术秩序还包含着政治上和知识上的协调,这是一种可悲而又有前途的发展。

……

当代工业文明表明,它已经达到了这样一个阶段:"自由社会"已经不再能够用经济自由、政治自由和思想自由这样一些传统概念来说明。这不是因为这些自由已微不足道,而是因为它们特别重要以致超越了传统模式。因此,需要有符合新的社会能力的新的表述方式。

这些新的方式只能用否定的字眼来加以表达,因为它们实际上是对现行方式的否定。经济自由因而意味着摆脱经济的自由——摆脱经济力量和经

---

* 赫伯特·马尔库塞(Herbert Marcuse, 1898—1979),美籍犹太裔哲学家和社会学家,法兰克福学派的代表人物之一。代表著作有:《理性与革命》(1949)、《爱欲与文明》(1955)、《单向度的人》(1964)、《论解放》(1969)等,尤以提出"单向度的人"这个概念著称。

济关系的控制；意味着免于日常的生存斗争、免于谋生的自由。政治自由意味着个人从他们无法有效控制的政治中解放出来。同样，思想自由意味着恢复被宣传工具和思想灌输所同化了的个人思想，意味着把"社会舆论"连同其制造者一起取消。这些主张之所以听起来不现实，并不表示它们具有乌托邦的性质，而是说明阻碍它们实现的力量相当强大。反对解放的最有效、最持久的斗争形式，是灌输那些使生存斗争的过时形式永恒化的物质需要和精神需要。

人类的需求，除生物性的需求外，其强度、满足程度乃至特征，总是受先决条件制约的。对某种事情是做还是不做，是赞赏还是破坏，是拥有还是拒斥，其可能性是否会成为一种需要，都取决于这样做对现行的社会制度和利益是否可取和必要。在这个意义上，人类的需要是历史性的需要。社会要求个人在多大程度上作抑制性的发展，个人的需要本身及满足这种需要的权利就在多大程度上服从于凌驾其上的批判标准。

我们可以把真实的需要与虚假的需要加以区别。为了特定的社会利益而从外部强加在个人身上的那些需要，使艰辛、侵略、痛苦和非正义永恒化的满要，是"虚假的"需要。满足这种需要或许会使个人感到十分高兴，但如果这样的幸福会妨碍（他自己和旁人）认识整个社会的病态并把握医治弊病的时机这一才能的发展的话，它就不是必须维护和保障的。因而结果是不幸之中的万幸。现行的大多数需要，诸如休息、娱乐、按广告宣传来处世和消费、爱和恨别人之所爱和所恨，都属于虚假的需要这一范畴之列。

这样的需要具有社会的内容和功能，它们取决于个人所无法控制的外力；这些需要的发展和满足是受外界支配的。无论这些需要有多少可能变成个人自己的需要，并由他的生存条件所重复和增强；无论个人怎样与这些需要相一致并感觉到自己从中得到满足，这些需要始终还是它们从一开始就是的那样——要求压制的势力占统治地位的社会的产物。

抑制性需要的流行是一个既成的事实，是人们在无知和失望中所接受的事实，同时也是为了个人幸福、为了所有以痛苦为其满足代价的人的利益而必须加以消除的事实。只有那些无条件地要求满足的需要,才是生命攸关的需要——即在可达到的物质水平上的衣、食、住。对这些需要的满足,是实现包括粗俗需要和高尚需要在内的一切需要的先决条件。

对于任何意识和良心,对于任何不把流行的社会利益作为思想和行为的最高准则的经验,已确立的各种需要和满足都应以它是真实的还是虚假的这一尺度来加以检验。这些尺度完全是历史性的,它们的客观性也是历史性的。在一定条件下,对各种需要及其满足的评价涉及一些具有优先地位的标准,这些标准指的是最充分地利用人类现有的物质资源和智力资源,使个人和所有个人得到最充分的发展。这些资源是可以计算的。需要的"真实"与"虚假"在下述意义上指明各种客观条件:根本需要的普遍满足和辛劳、贫困的逐渐减轻成为普遍有效的标准。但是,作为历史的标准,它们不仅因地区和发展阶段而异,并且只能在同现行标准(或多或少)相矛盾的意义上来加以说明。那么,什么样的法庭可以自称拥有决定性的权威呢?

归根到底,什么是真实的需要和虚假的需要这一问题必须由一切个人自己来回答,但只是归根到底才是这样;也就是说,如果并当他们确能给自己提供答案的话。只要他们仍处于不能自治的状态,只要他们接受灌输和操纵(直到成为他们的本能),他们对这一问题的回答就不能认为是他们自己的。同样,没有任何法庭能正当地自认有权来决定哪些需要应该发展和满足。任何这样的法庭都是应该受到指责的,尽管我们强烈地坚持这一看法并不排除下述问题:人们自己既然已经是颇有成效的统治的对象,又怎能创造自由的条件呢?

……

我刚才提到,当个人认为自己同强加于他们身上的存在相一致并从中得到自己的发展和满足时,异化的观念好像就成问题了。这种一致化的过程并非虚构而确是现实。然而这种现实又构成了异化的更高阶段。后者已经完全变成客观的事实,异化了的主体被其异化了的存在所吞没。这里存在的只是一种向度,而且它无处不在、形式多样。进步的成就蔑视思想意识的控诉和判决,在它们的法庭面前,它们的合理性的"虚假意识"变成了真实的意识。

但是,把思想意识吸收到现实之中,并不表明"思想意识的终结"。相反,在特定意义上,发达的工业文化较之它的前身是更为意识形态性的,因为今天的意识形态就包含在生产过程本身之中。①以某种富有争议的形式,该命题揭示出现行技术合理性的政治成分。生产机构及其所生产的商品和服务设施"出售"或强加给人们的是整个社会制度。公共运输和通信工具,衣、食、住的各种商品,令人着迷的新闻娱乐产品,这一切带来的都是固定的态度和习惯,以及使消费者比较愉快地与生产者、进而与社会整体相联结的思想和情绪上的反应。在这一过程中,产品起着思想灌输和操纵的作用;它们引起一种虚假的难以看出其为谬误的意识。然而,由于更多的社会阶级中的更多的个人能够得到这些给人以好处的产品,因而它们所进行的思想灌输便不再是宣传,而变成了一种生活方式。这是一种好的生活方式,一种比以前好得多的生活方式,但作为一种好的生活方式,它阻碍着质的变化。由此便出现了一种单向度的思想和行为模式,在这一模式中,凡是其内容超越了已确立的话语和行为领域的观念、愿望和目标,不是受到排斥就是陷入已确立的话语和行为领域。它们是由既定制度的合理性及其量的延伸的合理性来重新定义的。

……

单向度思想是由政策的制定者及其新闻信息的提供者系统地推进的。它们的论域充满着自我生效的假设,这些被垄断的假设不断重复,最后变成令人昏昏欲睡的定义和命令。譬如,在自由世界里运转或被运转的制度是"自由的";其他那些超越这一模式的自由方式不是被定义为无政府主义、共产主义,就是被定义为宣传。一切不通过私人企业本身或政府契约来侵占私人企业的形式都是"社会主义的",诸如普遍的和综合的健康保障,防止自然

---

① T.W.阿多诺:《三棱镜:文化批判和社会》(法兰克福:苏尔康普出版社,1955年),第24页以后。

完全彻底的商品化,以及建立可能损害私人利益的公用事业。这种既成事实的极权主义逻辑在东方也有所反映。在那里,由共产主义制度建立的生活方式是自由的,其他所有超越这一模式的自由方式则是资本主义的、修正主义的或左倾宗派主义的。在这两个阵营中,非操作性观念就是无法付诸实施的、起颠覆作用的观念。思想的运动被停止在表现为理性自身的界限的障碍面前。

当然,思想的这种界限并不是新的。正处于上升阶段的现代理性主义,以其既是思辨的又是经验主义的形式表现了如下鲜明的对比:即一方面用极端批判的激进主义态度对待科学和哲学方法,另一方面又用毫无批判性的无为主义态度对待已确立的、正在发挥作用的社会制度。于是,笛卡儿的"我思"便对"伟大的公众团体"置之不理,而霍布斯也主张"现存的应当永远是可取的、被维护的和最好的"。康德则同意洛克的观点,认为革命是正当的,如果并当革命能成功地把整体组织起来并防止颠覆的话。

然而,这些使人感到亲切的理性观念总是为明显的痛苦和"伟大的公众团体"的不公正以及有效的、多少有意的反抗所抵制。引起并允许同已确立状况发生真正分裂的社会条件曾是存在的;某种既是私人的又是政治的向度也曾是存在的,在这个向度里,检验其目标的力量和有效性的游离因素可以发展为有效的对立。

随着这种向度逐渐被社会所封闭,思想的自我限制就显出更重要的意义。科学–哲学的进程和社会进程之间、理论理性和实践理性之间的相互关系,都在科学家和哲学家的"背后"表现了出来。社会禁止各种对立的行动和行为;结果,有关这些行动和行为的概念被说成是虚幻的和无意义的。历史的超越表现为科学和科学思想所不能接受的形而上学超越。操作主义和行为主义观点,作为一种广泛的"思想习惯",变成为已确立的话语和行为领域、需要和愿望领域的观点。"理性的狡计"正如它往常的所作所为那样,是有利于现存的力量的。于是,关于操作和行为概念的主张转过来反对使思想和行为从既定现实中解放出来的种种努力,反对为了其他那些被压制的可能性而解放思想的种种努力。理论理性和实践理性、学术上的行为主义和社会上的行为主义在共同的基础上汇合了，即在使科学和技术进步成为统治工具的发达社会的基础上汇合了。

"进步"并不是一个中立的术语；它是有特定前进目标的，这些目标是根据改善人类处境的种种可能性来确定的。发达工业社会已接近于这样一个阶段，那时它的继续进步将会要求从根本上破坏现行的进步方向和组织。当物质生产（包括必要的服务设施）的自动化程度达到所有基本的生活需要都能得到满足，而必要劳动时间又降低到最低限度时，这一阶段就到来了。由此出发，技术进步就会超出必需的领域，在这个领域中它曾作为统治和剥削的工具并因而限制了它的合理性。到那时，在为自然和社会的和平而进行的斗争中，技术将服从于使人的才能得以自由发挥的任务。

马克思曾经在他的"废除劳动"的学说中预见到这一阶段。"生存的和平化"这一概念似乎更适宜于指明世界的历史替代性选择，这一世界是在全球战争的边缘发展的，它试图通过国际冲突来改变已确立社会内的矛盾。在相互对立的需要、欲求和愿望不再由统治和匮乏中的既得利益者来组织（这种组织使人与人、人与自然的破坏性斗争形式永恒化）的条件下，"生存的和平化"意味着人与人、人与自然的斗争的发展。

今天，反对这种历史替代性选择的斗争，在下层人民中有着牢固的群众基础；在严格以既定事实领域为目标的思想和行为中也可以发现为之辩护的意识形态。由科学和技术的成就给予证实，由其不断增长的生产率给予辩护的现状，否定一切超越。面对以技术成就和思想成就为基础而出现的和平的可能性，成熟的工业社会把自己封闭起来反对这种历史的替代性选择。操作主义在理论和实践上变成了遏制的理论和实践。在其显而易见的动态下面，这一社会完全是一个凝固的生活系统：在其强制性的生产率和给人以好处的协调状态中自我推进。对技术进步的遏制与技术向已确立方向的发展连在一起。不管现状所强加的政治束缚如何，技术愈是能够为和平创造条件，人的身心就愈是组织起来反对历史的替代性选择。

工业社会最发达的地区始终如一地表现出两个特点：一是使技术合理性完善化的趋势，二是在已确立的制度内加紧遏制这一趋势的种种努力。发达工业文明的内在矛盾正在于此：其不合理成分存在于其合理性中。这就是它的各种成就的标志。掌握了科学和技术的工业社会之所以组织起来，是为了更有效地统治人和自然，是为了更有效地利用其资源。当这些成功的努力打开了人类实现的新向度时，它就变得不合理了。为了和平的组织不同于为了战争的组织，为生存斗争服务的制度不能为生存和平服务。作为目的的生活本质上不同于作为手段的生活。

这种根本不同的新的生存方式决不能被设想为经济、政治交革的副产品，不能被设想为构成必要前提的新制度的多少带点自发性的效果。质的变化也包含着这一社会赖以建立的技术基础的变化，这一技术基础通过把作为管理的侵略对象的人的"第二本性"固定下来而维护社会的经济政治制度。工业化的技术是政治的技术；由此，它们预先就判断着理性和自由的种种可能性。

诚然，劳动必须先于劳动的减少，工业化必须先于人类需要和满足的发展。但正如一切自由有赖于对异己的必然性的征服一样，自由的实现也有赖于这一征服的技术。劳动的最高生产率有可能被用来使劳动永恒化，最有效的工业化也能够为限制和操纵需要而服务。

达到这一点时，在富裕和自由掩盖下的统治就扩展到私人生活和公共生活的一切领域，从而使一切真正的对立一体化，使一切不同的抉择同化。技术的合理性展示出它的政治特性，因为它变成更有效统治的得力工具，并创造出一个真正的极权主义领域，在这个领域中，社会和自然、精神和肉体为保卫这一领域而保持着持久动员的状态。

选自［美］赫伯特·马尔库塞：《单向度的人——发达工业社会意识形态研究》，刘继译，上海译文出版社，1989年，第3~18页。

4. 尤尔根·哈贝马斯*:作为"意识形态"的技术与科学

政治经济学批判与意识形态批判

传统社会和进入现代化过程的社会之间的界限并不是以制度框架的结构变化是在比较发达的生产力的压力下被迫发生为特征的。这是自古以来人类发展史的必然发展过程。用更确切的话来讲就是,生产力发展水平的更新,使目的理性活动的子系统不断发展,从而通过对宇宙的解释使统治的合法性的文明形式成为问题。这些神话的、宗教的和形而上学的世界观服从于相互作用的联系的逻辑, 它们回答人类集体生活和个人生活史中的重大问题,它们的论题是正义和自由、权力和压迫、幸福和满足、贫困和死亡,它们的范畴是胜利和失败、爱和恨、解放和罚入地狱,它们的逻辑以一种畸形的交往语法以及分裂的符号和压抑的动机的注定的因果性为标准。[①]同交往活动连在一起的语言游戏的合理性,在向现代化过渡的时候,同目的–手段–关系的合理性相对立, 而目的–手段–关系的合理性又同工具活动和战略活动相关联。一旦出现这种对立,就是传统社会结束的开始:统治的合法性形式

---

　　*　尤尔根·哈贝马斯(Jürgen Habermas,1929—　),德国哲学家,法兰克福学派代表人物。由于其思想庞杂而深刻,体系宏大而完备,也被认为是"当代最有影响力的思想家",代表著作有:《公共领域的结构转型》(1962)、《理论和实践》(1963)、《知识与人的利益》(1968)、《作为"意识形态"的技术和科学》(1968)等。

　　①　此外参阅我:*Erkenntnis und Interesse*,Frankfurf/M. 1968.

就失去作用。

资本主义是由一种生产方式决定的，这种生产方式不仅提出了统治的合法性问题，而且也解决统治的合法性问题。资本主义提供的统治的合法性，不再是得自于文化传统的天国，而是从社会劳动的根基上获得的。财产私有者赖以交换商品的市场机制（包括那些没有私有财产的人们把他们的劳动力当作唯一的商品拿去交换的市场在内），确保着交换关系的公平合理和等价交换。这种资产阶级的意识形态，用相互关系的范畴，甚至还把交往活动的关系变成了合法性的基础。但是，相互关系的原则正是社会生产和再生产过程本身的组织原则。因此，政治统治能够继续"从下"而不是"从上"（借助于文化传统）得到合法化。

如果我们的出发点是：一个社会分裂成为社会经济的阶级，是建筑在社会集团对某些当时重要的生产资料的特殊的分配基础上，而这种特殊的分配又归结为社会权力关系的制度化，那么，我们就可以认为，在一切文明的社会中，这种制度框架同政治统治体制曾经是同一的。这就是说，过去传统的统治是政治的统治。只有随着资本主义生产方式的出现，制度框架的合理性才能直接同社会劳动系统联系在一起。只有在这个时候，所有制（die Eigentumsordnung）才能从一种政治关系变成一种生产关系，因为所有制本身的合法性是依靠市场的合理性，即交换社会（Tauschgesellschaft）的意识形态，而不再是依靠合法的统治制度。说得精确一点：统治制度是依靠生产的合法的关系来取得自身存在的权利的：这就是从洛克（Locke）到康德（Kant）的合理的自然法的本来内容。①社会的制度框架仅仅在间接的意义上是政治的，在直接的意义上是经济的（资产阶级的法治国家是"上层建筑"）。

资本主义生产方式比以往的生产方式优越，可以从以下两个方面加以阐述，即第一，它建立了一种使目的理性活动的子系统能够持续发展的经济

---

① See Leo Strauss, *Naturrecht und Geschichte*, 1953; C. B. Mac-Pherson, *Die politische Theorie des Besitzindividualismus*, Frankfurt/M. 1967; J. Habermas, *Die klassische Lehre von der Politik in ihrem Verhaeltnis zur Sozialphilosophie*, in Theorie und Praxis, Neuwied, 1967.

机制;第二,它创立了经济的合法性,在这种经济的合法性下面,统治系统能够同这些不断前进的子系统的新的合理性要求相适应。韦伯把这种适应过程理解成为"合理化"。这里,我们可以把"来自下面的"合理化同"来自上面的"合理化加以区分。

一旦新的生产方式一方面随着财产和劳动力的区域性的交换活动的制度化,另一方面随着资本主义经营的制度化得到确立,便会自下产生一种持续性的适应压力(Anpassungsdruck)。在社会劳动的系统中,生产力的累积性进步,以及以此为出发点的目的理性活动的子系统的横向发展是有保障的,这当然是以经济危机为代价的。这样一来,诸种传统的联系:劳动和经济交流的组织、交通运输网、情报通讯网、法律允许的私人交往关系以及从财政管理角度出发的国家的官僚体制都将日益屈从于工具合理性或者战略合理性的条件。于是,在现代化的压力下,形成了社会的基本设施(die Infrastruktur einer Gesellschaft)。这种基本设施一步一步地涉及了一切生活领域:军事、教育、卫生,以至家庭,并且迫使城市和乡村的生活方式都市化,也就是说,迫使每一个人在其中受到熏陶的集团文化随时能够从相互作用的联系"转向"目的理性的活动。

来自上面的合理化强制(Rationalisierungszwang),同来自下面的合理化的压力是一致的,因为使统治合法化的和指明行为导向的那些传统,特别是用宇宙观对世界所作的解释,根据目的理性的新标准,丧失了自身的约束力。韦伯所说的还俗现象,在普遍化的这个阶段上有三个方面:①传统的世界观和对象化,作为神话,作为公众的宗教,作为宗教习俗,作为雄辩的形而上学,作为无可置疑的传统,丧失了自身的力量和价值;②它们被改造成了主观的信仰力量和确保现代价值导向的对个人具有约束力的伦理学("基督教的伦理学");③传统的世界观和对象化得到了改造,它们成了既能对传统进行批判,又能按照正式的法定交往原则和等价交换原则(理性的自然权利),对传统的、人人都可以占有的那种材料进行重新组织的结合,那些已经禁不起检验的合法性被新的合法性所代替。而新的合法性一方面产生于对世界的传统的教义解释的批判,并且要求科学性;另一方面,它们保持着合法性功能,从而使事实上的权力关系不受到分析,并且不被公众意识到。从狭义上讲意识形态首先是这样产生的:它代替了传统的统治的合法性,因为它要求代表现代科学,并且从意识形态批判中取得了自身存在的合法权利。意识形态从本源上讲同意识形态批判是一回事。从这种意义上讲,前资产阶级的"意识形态"是不存在的。

……

到了19世纪中叶,资本主义生产方式在英国和法国已经发展到了马克思能够从生产关系方面来重新认识社会的制度框架,并且能够同时对等价交换的合法性基础进行批判。马克思采用政治经济学的形式对资产阶级的意识形态作了批判:他的劳动价值学说撕下了(资产阶级宣扬的)自由的外衣,而自由的劳动契约的法律关系就是披着这件外衣掩盖了给雇佣劳动关系奠定基础的社会权力关系。马尔库塞在批判韦伯的时候指出,韦伯忽视了马克思的上述观点,而坚持一种抽象的合理化概念,这种抽象概念非但没有表现出制度框架同进步的、目的理性活动的子系统相适应的阶级的特殊内容,而是再一次掩盖了这一内容。马尔库塞知道,马克思对晚期资本主义社会所作的分析(韦伯早就熟悉这种分析),不能不根据情况而加以运用。但是,马尔库塞引用韦伯的例子想要说明的是:如果人们不理解自由的资本主义,那么也就不可能理解现代社会在国家调节的资本主义框架内的发展。

自19世纪的后二十五年以来,在先进的资本主义国家中出现了两种引人注目的发展趋势:第一,国家干预活动增加了,国家的这种干预活动必须保障(资本主义)制度的稳定性;第二,(科学)研究和技术之间的相互依赖关系日益密切,这种相互依赖关系使得科学成了第一位的生产力。这两种趋势破坏了制度框架和目的理性活动的子系统的原有格局;而自由发展的资本主义曾经以这种格局显示过自身的优点。于是,运用马克思根据自由资本主义社会正确提出的政治经济学的重要条件消失了。正像我所认为的那样,马尔库塞的基本论点——技术和科学今天也具有统治的合法性功能——为分析改变了的格局提供了钥匙。

　　国家(通过)干预对经济发展过程所作的持续性的调整,是从抵御放任自流的资本主义的、危害制度的功能失调(Dysfunktionalitaet)中产生的,放任自流的资本主义的实际发展, 同资产阶级社会的固有观念——把自身从统治中解放出来,以及使政权中立化——显然是背道而驰的。马克思在理论上揭露的公平交换的基本意识形态(die Basisideologie)实际上瓦解了。私人经济的资本增值形式, 只有通过国家对起周期性稳定作用的社会政策和经济政策的改进才能得到维持。社会的制度框架重新政治化了(repolitisiert),它今天不再直接同生产关系, 即同那种保障资本主义经济交往的私法制度相一致,以及同保障资产阶级国家制度的一般措施相适应。于是,经济体制同政治体制的关系发生了变化,政治不仅仅是一种上层建筑现象。如果社会不再"独立的"——这曾经是资本主义生产方式中真正新的东西——作为先于国家和给国家作基础的领域,用自我调节的方法维持自身的存在,那么, 社会和国家也就不再处于马克思的理论所规定的基础和上层建筑的关系之中。于是,批判的社会理论也就不再能够采用政治经济学批判的唯一方式加以贯彻。这种在方法论上把社会的经济活动规律孤立起来的观察方式,只有当政治依赖于经济基础的时候,并且当人们不必反过来把经济基础理解成为国家活动的和政治上解决冲突的一个功能的时候,才可以要求用社会生活联系的基本范畴去把握社会生活的联系。按照马克思的说法,政治经济学批判,过去只是作为意识形态批判才是资产阶级社会的理论。但是,当公平交换的意识形态瓦解了,人们也就不能再用生产关系直接地批判统治制度了。

技术统治论如何发挥意识形态作用

　　自19世纪末叶以来, 标志着晚期资本主义特点的另一种发展趋势,即技术的科学化(die Verwissenschaftlichung der Technik)趋势日益明显。在资本主义社会中,始终存在着通过采用新技术来提高劳动生产率的制度上的压力。但是,革新却依赖于零零星星的发明和创造,这些发明和创造虽然想在经济上收到成效,但仍具有自发的性质。当技术的发展随着现代科学的进步产生了反馈作用时,情况就起了变化。随着大规模的工业研究,科学、技术及其运用结成了一个体系。在这个过程中,工业研究是同国家委托的研究任务联系在一起的,而国家委托的任务首先促进了军事领域的科技的进步。科学情报资料从军事领域流回到民用商品生产部门。于是,技术和科学便成了第一位的生产力。这样,运用马克思的劳动价值学说的条件也就不存在了。当科学技术的进步变成了一种独立的剩余价值来源时,在非熟练的(简单的)劳动力的价值基础上来计算研究和发展方面的资产投资总额,是没有多大意义的;而同这种独立的剩余价值来源相比较,马克思本人在考察中所得出的剩余价值来源,即直接的生产者的劳动力,就愈来愈不重要了。①

只要生产力还明显地同从事社会生产的人的合理决断和使用工具的活动紧紧地联系在一起,生产力就可以被理解成为日益增长的技术支配力量的潜力。但是,不能把生产力同它置身于其中的制度框架相混淆。然而,随着科技进步的制度化,生产力的潜力就具有一种能够使劳动和相互作用的二元论在人的意识中变得越来越不重要的形态。

……

社会的有计划的重建所依据的模式,产生于对系统的研究。按照自我调节的系统的模式去理解和分析各个企业和组织,甚至政治的或经济的局部系统和整个社会系统,原则上是可能的。诚然,我们是否为了分析的目的使用控制论的坐标框架(kybernetischer Bezugsrahmen),或者我们是否按照自我调节的系统的模式把一个既定的社会系统建造成人–机器–系统(ein Mensch–Maschine–System)是有区别的。但在系统研究的理论中,包含着把分析模式搬用到社会组织层面上的内容。当人们研究社会系统的与本能相类似的自

---

① E. Loebl, *Geistige Arbeit–die wahre Quelle des Reichtums*, 1968.

我稳定化的这种意向时,就产生了这样一种独特的看法:两种行为类型之一的行为类型结构,即目的理性活动的功能范围,不仅同制度的联系相比较具有一种优越性,而且还会逐渐地兼并交往活动本身。如果人们同意 A.盖伦的观点,认为技术发展的内在逻辑就在于目的理性活动的功能范围逐步替代人的机体,并且转移到机器上,那么,技术统治的愿望就可以被理解为这种发展的最后阶段了。只要人是创造者(homo faber),那么,他不仅能够第一次完全把自身客体化和同他的产品中表现出来的独立活动相对立;人作为被创造者(homo fabricatus),如果能够把目的理性活动的结构反映在社会系统的层面上,那么人也能够同他的技术设备结为一体。按照这种观点,迄今为止由另外一种行为类型所体现的社会的制度框架,似乎被目的理性活动的子系统(即包含在目的理性活动之中的子系统)吸收了。

的确,这种技术统治的愿望,今天还没有在任何地方变为现实,甚至连基本理论也还没有。但是,作为意识形态,它一方面为新的、执行技术使命的、排除实践问题的政治服务;另一方面,它涉及的正是那些可以潜移默化地腐蚀我们所说的制度框架的发展趋势。权威国家的明显的统治,让位于技术管理的压力。法定的制度在道德上的实施,以及由此而产生的以语言表达的含义为依据的和以规范的内心化为前提的交往活动,在日益广泛的范围内被有限制的行为方式所代替,而大型的组织本身则越来越多地服从于目的理性活动的结构。工业先进的社会,看来接近于一个与其说受规范指导的,不如说受外界刺激控制的行为监督模式。通过虚假的刺激进行间接控制的现象增加了,尤其是在所谓的主体自由(选举行为、消费行为、业余时间行为)的领域中增加了。时代的社会心理特征,与其说是通过权威人物表现出来,不如说是通过超我结构的解体(Entstrukturierung des Ueber-Ich)表现出来。但是,适应(环境)行为的增加,不过是在目的理性活动的结构下以语言为中介的相互作用的、正在解体的领域的反面而已。目的理性的活动同相互作用之间的差异在人的科学意识中,以及在人自身的意识中的消失,从主观上讲是与上述情况相一致的。技术统治论的意识所具有的意识形态力量,就表现在它掩盖了这种差异。

选自［德］尤尔根·哈贝马斯《作为"意识形态"的技术与科学》，李黎、郭官义译，学林出版社，1999年，第53~59页、第62~65页。

五

现代性与后现代性

1. 安东尼·吉登斯*：现代性的后果

现代性的反思性

在现代性观念的内部，有一种与传统大相径庭的东西。如前面曾提到，在具体的社会环境中，人们的确能发现许多现代与传统相结合的地方。实际上，有的学者就曾指出，现代和传统彼此交织得如此紧密，以至于对其作任何一般性的对比都毫无价值。但是，如我们下面对现代性和反思性之间的关系作进一步探讨时所看到的那样，实际上并非如此。

从根本的意义上说，反思性，是对所有人类活动特征的界定。人类总是与他们所做事情的基础惯常地"保持着联系"，这本身就构成了他们所做事情的一种内在要素。在其他地方我把这称之为"行动的反思性监测"，我之所以使用这个短语是为了让人们注意到相关行动过程中始终存在着的这个特征。[①]人类的行动并没有融入互动和理性聚集的链条，而是一个连续不断的、从不松懈的对行为及其情境的监测过程，如霍夫曼最初向我们说明的那样。这并不是特别与现代性联系在一起的反思性的含义，尽管它构成了（现代性的）反

---

* 安东尼·吉登斯（Anthony Giddens，1938—　），英国作家、学者，现任剑桥大学教授，是影响甚大的社会理论家和社会学家，与沃勒斯坦、哈贝马斯、布尔迪厄齐名，也是当代欧洲社会思想界中少有的大师级学者。主要著作有：《现代性的后果》（1990）、《社会的构成》（1984）、《民族国家与暴力》（1985）、《超越左与右》（1994）、《第三条道路》（1998）等。

① 吉登斯：《社会学方法的新规则》。

思性的必要基础。

……

随着现代性的出现,反思具有了不同的特征。它被引入系统的再生产的每一基础之内，致使思想和行动总是处在连续不断地彼此相互反映的过程之中。如果不是"以前如此"正好与(人们根据新获知识发现的)"本当如此"在原则上相吻合,则日常生活的周而复始与过去就不会有什么内在的联系。仅仅因为一种实践具有传统的性质就认可它是不够的。传统,只有用并非以传统证实的知识来说明的时候,才能够被证明是合理的。这就意味着,甚至在现代社会中最现代化的东西里面,传统与习惯的惰性结合在一起,还在继续扮演着某种角色。但是,传统的这种角色,并不如那些关注当代世界中传统与现代整合的论者们所设想的那般重要。因为,所谓已被证明为合理的传统,实际上已经是一种具有虚假外表的传统,它只有从对现代性的反思中才能得到认同。

对现代社会生活的反思存在于这样的事实之中，即社会实践总是不断地受到关于这些实践本身的新认识的检验和改造,从而在结构上不断改变着自己的特征。我们必须明白上述这种反思现象的性质。所有的社会生活形式,部分地正是由它的行为者们对社会生活的知识构成的。知道了(在维特根斯坦所阐明的意义上)"如何继续行动"这一点,对人类行动所继承并加以再造的习俗来说,具有本源的意义。在所有的文化中,由于不断展现的新发现,社会实践日复一日地变化着,并且这些新发现又不断地返还到社会实践之中。但是,只是在现代性的时代,习俗才能被如此严重地受到改变,由此才能(在原则上)应用于社会生活的各个方面,包括技术上对物质世界的干预。人们常说现代性以对新事物的欲求为标志,但这种说法并不完全准确。现代性的特征并不是为新事物而接受新事物,而是对整个反思性的认定,这当然也包括对反思性自身的反思。

……

社会学在反思现代性的过程中的关键地位，源于它用最普遍化的方式反思现代社会生活。让我们来看看属于自然科学型社会学中"硬壳"部分的例子。例如,由政府公布的人口、婚姻与离婚、犯罪与青少年越轨行为等官方统计数据,似乎提供了某种精确研究社会生活的路径。对自然科学型社会学的先驱们(如涂尔干)来说,这些统计数据代表着硬性资料,凭借它们,现代社会的相关方面就能得到比缺乏这类数据时更为准确的分析。然而,官方统计数据并不只具有分析社会活动特征的意义,而且它们也会基本上回馈到原来收集它们或由它们算计的社会领域。自有统计之日起,核对官方数据本身就成了国家权力和许多其他社会组织模式的构成因素。现代政府的协调性行政控制,与对这些"官方数据"的例行的监测,是密不可分的,所有的当代国家都成天奔命于这种监测。

　　……

　　社会学理论以及其他社会科学的概念、理论和发现,不断地"循环穿梭"于它们所研究的对象之中。这些话语、概念、理论和发现以此反思性地重新建构着自己的研究对象,研究对象自身也学会了用社会学方式思考。现代性,就其深刻和内在特性而言,本身就具有社会学的性质。这对于作为社会生活专门知识提供者的专业社会学家来说,更是一个有待探明的难题,因为,他或者她最多仅仅比受过启发的非专业实践者领先一步而已。

　　因此,人们对有关社会生活的知识(即便这种知识已尽可能地得到了经验的证实)了解得越多,就越可以更好地控制自己的命运,是一个假命题。这种命题对于物质世界而言,也许是真的(但也值得争论),对于社会事件的领域则并非如此。假如社会生活能够完全从人类关于它的知识中分离出来,或者,假如这种关于社会生活的知识能够被源源不断地输入到社会行动的理性之中,一步步增加与人们的特殊需要相关的行为"合理化"程度,那么,增加我们对社会世界的知识,也许就能促进我们对人类制度更具有启发性的知识的进步,因此也能提高对这些制度的"技术性"控制的程度。

现代性,还是后现代性?

后现代性,至少在我所作的定义中,则指涉着不同的东西。如果说我们正在进入后现代性的阶段,那就意味着,社会发展的轨迹正在引导我们日益脱离现代性制度,并向一种新的不同的社会秩序转变。后现代主义,如果以一种有说服力的形式存在的话,可以说是对于这一转变的一种认识,但并不表明后现代性是存在的。

后现代性通常指什么? 除了在一般意义上指经历着与过去不同的一段时期外,这个术语通常还具有下列一种或多种含义:既然所有过往认识论的"基础"都显得不可靠,那么我们发现没有什么东西能够被确定无疑地加以认识;"历史"并不是有目的性的,因此所有关于"进步"的看法都不能得到合理的支持;随着生态问题和更一般意义上的新社会运动重要性的日益增加,一种新的社会–政治议程逐渐形成。

……

很难拒不承认如下结论: 与认识论中的原教旨主义的决裂是哲学理论中的一座重要分水岭,而这种决裂在 19 世纪中后期就已经显露出来了。但是,把后现代性看成"现代性开始理解其自身",而不是对其本身的超越,肯定是很有意义的。[①]我们能够从我称之为神的旨意的角度来解释这一点。启蒙理论,以及一般意义上的西方文化,产生于某种强调神学目的论以及上帝恩赐之成就的宗教情境。很长时间以来神意就是基督教理论的指导思想。如果没有这些先在的认识环境,启蒙主义原本就几乎是不可能的。毫不奇怪,对自由理性的倡导,并非要以此取代神的旨意,而是赋予其以新的内容。一

---

①   有许多关于后现代性在什么程度上应被视作不过是现代性的延伸的文献,其中较早的有弗兰克·克莫德(Frank Kermde)的《连续性》(Continuities)一书中《现代主义种种》一文(London:Routkdgem,1968)。最近的讨论可见哈尔·福斯特(Hal Foster)编:《后现代文化》(Post-modern Culture,London:Pluto,1983)。

种类型的必然(神的法则)被另一种类型的必然(我们意识的必然,经验观察的必然)所取代,神意被天意的发展所取代。再者,理性神授论也与欧洲对世界其他地区统治的兴起相吻合。可以说,欧洲权力的增长从物质上支持了下述假说:新的世界观建立在这样一种牢固基础之上,这种基础既为人们提供了安全,也使人们从传统的教义中解放了出来。

　　然而,从一开始,启蒙主义理论中就包含有虚无主义的萌芽。如果理性的范围完全是不受约束的,就没有任何知识能够建立在毫无疑义的基础之上,因为即使是那些基础最为牢固的观念,也只能被看成是"原则上"有效的,或者说,"直到进一步的发现"出来以前,它们是有效的。否则,它们将倒退为原来的教义,并且又恰恰与理性本身(正是由它去裁定什么是最为有效的)相分离。尽管大多数人都把我们所能感受到的证据看成是我们能够得到的最可靠信息,然而即使是早期的启蒙思想家,也曾清楚地意识到这样的"证据"从原则上说就是很值得怀疑的。感知的数据永远不可能为知识提供确实可靠的基础。由于今天的人们更强烈地意识到理论范畴业已渗透进了我们的感官观察,因此哲学思想的主流已经相当明显地背离了经验主义。此外,自尼采以来,我们更清楚地意识到了理性的自我循环,同样也意识到了知识和权力之间不无疑问的复杂关联。

　　与其说这些发展脉络带领我们"超越了现代性",还不如说它们提供了一种对内在于现代性本身的反思性的更为全面的理解。不仅因为理性的自我循环,而且也因为这种循环的性质极其令人迷惑,现代性是不确定的。我们怎么能够以理性之名为尊奉为理性而正名? 令人不解的是,正是逻辑实证主义者,作为长期以来致力于从理性思想中清除所有传统和教义中的糟粕的结果,最直接地发现了这个问题。现代性,就其核心而论,是令人迷惑不解的,而且,似乎也没有什么办法使我们能够"解除"这种迷惑。我们在曾经似乎有过答案的地方又遇到了新的问题,而且,我将在其后说明,并不只是哲学家才意识到了这一点。对这种现象的普遍意识慢慢地渗透进了困扰着每一个人的忧虑之中。

……

现代世界中的风险与危险

我们应当如何寻求分析拉希所说的当代"带威胁性的外部世界"呢？为此，我们需要更详细地观察现代性更具体的风险景象。我们可以用下列方式去勾画它：

（1）高强度意义上风险的全球化：例如，核战争构成的对人类生存的威胁。

（2）突发事件不断增长意义上的风险的全球化：这些事件影响着每一个人（或至少，生活在我们这个星球上的多数人），如全球化劳动分工的变化。

（3）来自人化环境或社会化自然的风险：人类的知识进入到物质环境。

（4）影响着千百万人生活机会的制度化风险环境的发展：例如，投资市场。

（5）风险意识本身作为风险：风险中的"知识鸿沟"不可能被宗教或巫术知识转变为"确定性"。

（6）分布趋于均匀的风险意识：我们共同面对的许多危险已为广大的公众所了解。

（7）对专业知识局限性的意识：就采用专家原则的后果来看，没有任何一种专家系统能够称为全能的专家。

如果说，脱域机制已经提供了目前世界上范围广泛的安全的话，那么，被制造出来的大量新型风险真的会令人生畏。上述列举出来的主要风险形式可以分为两类：一是（前面列举的四种）改变风险的客观分配，二是（后面那三种）改变风险的经验或对风险观念的理解。

我称之为风险强度的东西肯定是我们今天生活于其中的环境"可怕的外表"的基本要素。核战争的可能性，生态灾难，不可遏制的人口爆炸，全球经济交流的崩溃，以及其他潜在的全球性灾难，对我们每一个人都勾画出了一幅令人不安的危险前景。贝克指出，这种全球性的风险不管富人和穷人之间的区别，也不管世界各个地区之间的区别。"切尔诺贝利无所不在"的事实,意味着他所说的"他人的终结":享有特权的人和无特权人之间的分界线的消逝。某些风险的全球性强度超越了所有社会和经济差别。①但是,这绝不应该使我们对下述事实视而不见,即在现代性条件下,与在前现代世界中的情形一样,许多风险在上流社会人士和下流社会平民之间的分布是不同的。不同的风险(例如,在营养水平和易感染疾病方面的风险)就是"特权"和"非特权"实际含义的主要内容之一。

……

就风险经验来说,我在这有限的篇幅中所作的分析,比需要给予阐明的少得多。然而,上面在论述风险景象时指出的风险意识的三种形式,既与本书现在提出的论点,也与下面的部分直接相关。风险(包括活动的许多不同形式)被非专业人士普遍承认为风险,这个事实是现代世界和前现代世界之间发生断裂的一个主要标志。在传统文化中,具有高风险的事业有时也会发生在世俗领域中,但是典型地说,它们更常常是在宗教和巫术中。毫无疑问,个人在特定的风险氛围中,打算在什么程度上信任何种特殊的宗教或巫术,会大不相同。但是宗教和巫术的确经常性地提供了缓解风险事业中所包含的不确定性的办法,从而得以把风险经验转化成相对安全的感觉。但是在风险被认定为风险的时候,这样一种在有危险的环境中获得信心的模式就不灵了。在一个前现代的安全环境中,存在着试图把风险变成神意和命运的若干种方式,但是它们仍然是令人半信半疑的(half-hearted)迷信,而不是真正有效的心理上的支撑论据。从事具有终生风险职业的人(如登高作业的人),或者是从事从性质上看后果不确定的职业的人(如体育运动员),就经常求助于符咒或迷信仪式,以对他们所从事的行当的后果产生"影响"。但是如果他们不顾一切地在大庭广众之下去搞这些名堂,很可能就会遭到其他人的嘲笑。

我们可以把风险景象中的最后两点合并起来加以讨论。广为流传的关

---

① 乌尔里奇·贝克:《风险社会》(Urich Beck, *Riskogesellschaft:Auf dem Weg in andere Moderne*, Frankfurt:SUHRKAMPF,1986),第 7 页。

于现代风险环境的非专业知识,使人意识到专业知识的局限性,而且也构成了"公共关系"的问题之一,这是那些试图让非专业人士去信任专家系统的人都必须面对的。对于专家系统的信念,使人在专业化知识面前拒斥非专业人士的无知。但是,意识到无知领域的存在,本身就与(作为正在摸索的个人的)专家和(作为知识整体范围中一部分的)专业知识相对立,还有可能削弱或破坏非专业人士对专家系统的信念。专家们经常"代表"外行去承担风险,同时却对外行隐瞒或歪曲这些风险的真实性质,或者甚至完全隐瞒存在着风险这个事实。比外行人发现了这种隐瞒更糟的情况是,专家们并没有意识到那一系列与自己相关的特定的危险与风险。在这种状况下,问题就不仅是专业化知识有没有局限性或专家系统与自己的知识之间的鸿沟有多宽,而更是构筑专业化知识的东西本身就不牢靠。①

　　选自[英]安东尼·吉登斯:《现代性的后果》,田禾译,译林出版社,2011年,第32~38页、第40~43页、第109~115页。

---

　　① A.J 朱哈尔编:《社会中的风险》(A.J.Jouhar ed.,*Risk in Society*,London:Libbey,1984);杰克·道伊和保罗·勒弗雷尔:《风险与机会》(Jack Dowie and Paul Lefrere,*Risk and Chance*,Milton Keynes:Open University Press,1980)。

2. 劳伦斯·E.卡洪*:现代性的困境

　　我们生活在一个剧烈变革时期的末叶。自文艺复兴以来在西方世界的思想和社会中所发生的变革方兴未艾,创造出了一种新型文化,它与中世纪西方迥然有别,在人类历史上独树一帜。这种文化的发展势头一直不可遏止,使它那根本性的视野中所具有的内涵不折不扣地展露于世间。我们,所有生活在西欧和中欧、加拿大和美国的人,都是这种文化的嫡系传人,与它水乳交融,正如鱼水之谐。但是,非西方世界也已经感受到了这种文化的强有力的影响,其发展方向亦受之引导。通过殖民主义、贸易往来以及输出意识形态,现代西方把它自己文明的组成要素注入非西方社会固有的文化之中。如今,世界上大多数民族形似某种含有历史层次的蛋糕,在其中,相互附着而生的不同社会群落体现了不同世代的生活方式,而这种分层状况主要是由一个民族,无论是直接还是间接地,受西方现代性影响的程度来决定的。这个地球上绝大多数成员一涉足这世间就是现代性的子孙,可不管他们自己是投怀送抱还是却之不恭。

　　诚然,现代性现象无法一笔抹杀,但是,同样无可否认的是,它在当代西方正处于风烛残年。像 19 世纪那样对于不可遏止的进步的欣羡之情以及对于现代性的几乎无一例外的愚妄自信已经离我们远去了。在科学和哲学中,在探求知识之时对于确定性和尽善尽美所怀有的那种不加置疑的信念,一如

---

　　*　劳伦斯·E.卡洪(Lawrence E.Cahoone,1954—　　),美国圣十字学院哲学教授。代表著作有:《现代性的困境——哲学、文化和反文化》(1989)、《公民社会》(2002)、《哲学的终结》(2002)等。

先前我们对于宗教和政治权威的信仰,现在看起来幼稚得不可救药。与1850年以前的探求相比较而言,自世纪之交以来,哲学和其他一些形式的探求展现出了一种新的趋向和推动力,对于什么东西是不言而喻的,什么东西不需要证据亦可下定论,似乎每一位作家的感受力都整个儿改变了。数十年来在艺术、音乐和文学中发生的变革使关于何谓艺术的各种见解泛滥成灾,它们否定了表象的有效性,让那些没有批判能力的公众茫然不知所措。对大多数人而言,人类生活和道德所具有的宗教性内涵及其重要性不再是合法化、力量和目标的充足源泉。上个世纪,杰斐逊对于民主要以土地所有制为基础的信念以及美国的民主的创始人的大多数经济的和社会的预设被彻底颠倒了。无论我们对于我们这个集体的未来可能形成什么样的见解或有何期望,技术创新都把它们砸个粉碎,周而复始,从不间断。在两次世界大战期间,现代性的摇篮,中欧和西欧,实际上已经把它自己损毁得分崩离析,如今,它在这种表面上看来将长期持续的分裂状态中苟延残喘,而仰赖它在文化上孳衍的子孙——苏联和美国。

……

我们来考察一下现代人道主义最近的不幸遭遇。人们确信,在这个世界上,人类个体是价值的终极支座和真理的终极法官。我们在对人类经验和行为当中的化学的、神经系统的和行为科学的因素等进行科学的理解方面取得了长足的进步,而且亦造福人类不浅。尽管如此,这些进步却让人相信,人类个体的自由、责任和理性,甚至个体区别于非人的物种的质的规定性愈来愈难以维持,社会的错综复杂性日益增长,而必须用来管理这样一个社会的各种政治的、法律的以及商业的官僚机构相应得到发展,这种发展和大众传媒一道坚持不懈地把个体裹挟到社会组织中各种日益复杂化的罗网之中。错综复杂的当代经济体系使芸芸众生空前地依赖于其他人,不仅是依赖家庭和当地共同体,而且更依赖于由国家内和国际间的生产者和消费者所组成的天覆地载的各种网络体系。如今,对置身于全球任何一个现代化了的角落之中的个体而言,哪怕是想要理解社会-经济对于他或者她的生活的具体状况的多重影响实际上已经是不可能的了,遑论要对之进行调控。各种事态的发展造成的后果是人类个体在对于他们自己生命历程的理解与对之施加影响方面似乎更加无能为力了,作为最终的政治的和真知的权威的渊薮,其权威性如江河日下,难以信靠。它们的另一后果是,那些未曾经过各种制度性的和集体性的关联谆谆教诲和精雕细琢的个体更加不再备受信任和尊敬。

今天,西方为各种似乎根深蒂固难以根除的社会问题(例如,犯罪、泛用药物、酗酒、少女怀孕、色情业)所困扰,这些社会顽症在公众的脑海里反反复复地提出一个问题:个体应该需要什么样的自由。共同体传统和公德似乎颓圮陵替了。于是有很多人担心个体不再值得信任了,当代西方自由已经泛滥成灾了。上述社会顽症,加上我们称之为现代经济体系的那场方兴未艾的变革,还有与它相伴而生的各种社会紊乱,它们一道不断地为国内反人道主义者手中的火把添油加薪,这些反人道主义者为了执行他们自己激进的变革纲领而贬低各种民主制度和权利。尽管某些西方民主国家国力强盛,表面上看起来也长治久安,但是反人道主义者的解决方案总是能魅惑大众,而且这种状况有增无减。更不必说及这样的事实:在全球范围内,人道主义不是一种规则,而只不过是绝无仅有的例外情形,而无论在发展中国家还是发达国家,各种形式的专制和集体主义都一直持续不断地和人道主义针锋相对,争取饱受苦难的人民的支持。

……

现代世界在这种困境中进退维谷。它使基数大、社会的和思想的变迁中的爆炸性浪潮翻滚起来,而不管它是祸是福,这些浪潮向现代性自身建基于其上的哪些根本原则发出猛烈撞击。现代性正在腐蚀它自己的文化和思想的基石。社会变迁和思想进犯组合在一起,正在削弱对世界进行阐释的诸种模式,而正是这些模式使那些社会变迁和思想运动得以可能。现代性向前突飞猛进,但是对于它的本性与方向,我们知道得微乎其微,而且每况愈下,我们对它的信任也江河日下、日渐衰微。现代性的这种困境,还有如何处置这种困境的问题,是 20 世纪后半叶最大的问题,在将来几十年里,它只会变得更加根深蒂固,而又面目全非。

选自[美]劳伦斯·E.卡洪:《现代性的困境——哲学、文化和反文化》,王志宏译,商务印书馆,2008年,第1~5页。

3. 迈克·费瑟斯通*: 消费文化与后现代主义

城市文化与后现代生活方式

最近以来,人们对城市文化与城市生活方式的兴趣提高了,我们应该怎样来理解这一点呢? 在一定意义上,我们可以很正确地认为,城市总是有自己的文化,它们创造了别具一格的文化产品、人文景观、建筑及独特的生活方式。甚至我们可以带着文化主义的腔调说,城市中的哪些空间构形、建筑物的布局设计,本身恰恰是具体文化符号的表现。特殊的“深层”文化符码也许使我们倾向于将城市主要看作经济的、功能的或审美的实体。如果说,现在确实存在着由强调经济与功能向强调文化、审美的转变的话,那么,这有助于我们将它与曾经说过的从现代性与现代主义向后现代性与后现代主义的转变联系起来吗? 如果我们将这个问题暂时搁置一边,而去关注第一个层面上的问题,即城市总是有自己文化,那么,我们应该说,文化这个词有两种含义: (人类学意义上的)作为生活方式的文化和作为艺术的文化,它是文化产品与体验的精神升华(高雅文化)。本章我要着力讨论的一个中心主题就是,这两

---

　　* 迈克·费瑟斯通(Mike Featherstone,1946—),诺丁汉特伦特大学社会学与传播学教授,主要研究消费文化、身体问题、老龄化和生命历程、新兴信息技术与社会变迁,也是《理论、文化与社会》杂志创始编辑之一。代表著作有:《消费文化与后现代主义》(1991)、《消解文化:全球化、后现代主义和身份》(1995)等。

种意义上的文化的界限已经是很模糊的了,作为艺术的文化(高雅文化)所涉及的现象范围已经扩大,它吸收了广泛范围内的大众生活与日常文化,任何物体与体验在实践中都被认定与文化有关。它伴随着一种分析的转变,从相对固定的一系列区分群体差异的秉性、文化品位、闲暇实践的生活方式,转向了这样一个假设:在当代城市中,生活方式的形成是更为活跃和积极的。因此,分析的焦点从以阶级或居住地点为基础的生活方式转向了活跃的生活风格化的生活方式,其中,一致性与统一性,让位于对短暂体验和浅层审美的戏谑性探索。就是这些转变的综合效果,吸引了许多文化阐释者,他们倾向于将这些转变当作更为基本的社会与文化的转型指标。而越来越多的人已把这种转变当作后现代主义了。

　　……

　　后现代主义的倡导者们,抓住了文化中的一个主要转变。既有的符号等级被摧毁了,一个更为戏谑的、大众民主的冲动日益彰显出来。这样,在原来牢固构建的符号等级之外,即在西方现代性和诸如普遍历史、进步、有教养、国家政治结构和审美理念这些既定的支配观念之外,拓展了一片空间。与当代西方城市相关的是,在新城市空间中,我们可以观察到所有那些后现代与后现代化的趋势:规模越来越大的城市建筑、以审美的形式呈现常人的日常生活;新的消费与闲暇飞地(如购物中心、主题乐园、博物馆)的发展,新型中产阶级返回到内城地带聚居。这些后现代冲动,暗示着风云际会在一起的人们,被规定了一些不太强烈的居住地身份、不太稳定的习性,以及一系列不太严格的秉性和类型。一些新的城市生活方式表明了认同中心的消解,人们更有能力从事放松了控制的情感活动及审美游戏。从全球水平上讲,可以说,我们正见证着大都会中心支配艺术家与知识分子生活的终结(R.威廉斯,1983)。巴黎与纽约,作为文化、艺术、时尚、文化和消闲工业、电视、出版与音乐的中心,现在都面临着来自各方面的竞争。世界城市场域中不断出现的全球化过程,提供了新的文化资本形式和更广泛的符号体验,这就是说,通过金融(金钱)、运输(旅游)及信息(广播、出版、媒体),这些文化资本形式和符号体验更为容易获得了。

　　因此，一些强调后现代主义具有带来新奇事物与历史性事件之特性的人，可能会认为，我们正进入一个旧的文化等级被铲除的阶段。消解等级的冲动表明，高压与低俗、精英与民众、少数与多数、有品位与无品位、艺术与生活，等等，所有这些垂直性划分（古兹布鲁姆，1987；舒瓦兹，1983），都只是社会生活的某些局部性特征，现在却再也没有适用的等级划分了。

　　为了反对这种颇具诱惑力而又过于简单的后现代的"历史终结的故事"，我们不得不指出，分类、等级及区隔在城市中从未间断过。如前所述，新型中产阶级及新富者居住在不断翻新开发的飞地区域，这些区域是排斥外来者的。这些飞地是环境设计、风格与日常生活的审美呈现方面的高额投资区域。这些群体期望在购物时得到消遣，在消遣游艺的地方购物。他们力图养成一种生活的风格，对艺术、对具有审美愉悦的生活环境怀有浓烈的兴趣（博耶，1988）。对已确立其地位的新型中产阶级成员而言，这样的生活风格与后现代特征，是与体验密切相关的。超负荷的信息与符号生产，使得有序地解读身体呈现、时尚、生活方式与闲暇消遣更为困难。人们能够从一个汇聚有来自世界范围内的符号产品与风格的大"库存"中，随时提取他们之所需，这样，要从品位与生活方式来判断阶层特征就更加困难了。从60年代开始，以前具有严格意义的符码行为一直存在着一种更为一般的非正式化和精细化过程。如在60年代，由于人们认真考虑了其他文化中的美的标准，从而使消费文化中十分重要的美的观念得到拓展，并超越了西方古典美的理念（马维克，1988）。就民主化趋势而言，也存在地位的差异。如道格拉斯与伊舍伍德（1980）指出，消费商品中的信息成分，随着一个人地位等级的提高而提高。那些向中上层爬的人，继续使用商品信息来与自己有相似想法、品位、兴致等的人建立联系，并把外围者屏蔽在这种联系之外。关于艺术的知识正好是这样一种非常合适的信息。

　　这样，如果说通过解读身体呈现与生活方式，还可能获得一个人的社会地位方面的指标的话，那么，这种游戏显然已经更为复杂了。如果说后现代表明了什么的话,那么是否可以说,特别一致的文化意义,以及与之相关的、那确定文化整体基调的西方社会中上层的主要生活方式,已经消失。这如同历史的世代流淌,其数量、其影响都在慢慢地消退。这里,我们想起了一种以共同文化为目标的观念,其以教育的构成规划为基础,一种知识总体(文学、音乐与艺术中的经典作品),就如同某种具有统一性的东西;而为了提高自己,你不得不努力奋斗,以求获取这样的共同文化。随之而来的,是有教养或受过熏陶的人的观念、绅士理想的出现,这就是文明进程的产鼓舞(埃利亚斯,1987b,1982)。19 世纪后半叶的中上层阶级是这种文化理想的载体,并且,他们还曾力图通过博物馆和教育机构来传播这种理想。

60 年代以来,文化分类的消解过程,清楚地见证了这种理想的式微与相对弱化。问题是,在一个新的文化再垄断到来之前,这些标识为后现代的趋势,是否仅仅表明原有等级的坍塌、一个短暂的阶段,一种强烈竞争的文化幕间剧、变化的标准与价值的混合呢?或者说,我们是否应认为目前这种趋势的延伸是永无止境的,其本身就是历史的终结呢?这里,要回答这个问题,联系历史上具有相似的文化动荡不安与矛盾冲突那些时期来考察,不无裨益。如果说我们可以声称今天没有风格,有的只是各种时尚的话,那么我们应该记住,齐美尔在一三九〇年左右的佛罗伦萨也发现了相似的特征,当时,没有人模仿社会精英们的生活风格,每个人都创造着自己的时尚。套用齐美尔的隐喻来说,时尚与其他生活方式,就是联合或排斥他人的"桥梁或门槛"。如果这些功能在减弱,是否意味着因为我们仅仅是处在一个暂时的文化竞争的间歇期?或者说,更多的群体、文化与国家,卷入到一个扩大了的全球体系的游戏中,并使游戏进一步发展,是否意味着,由于可预见的再垄断化过程不可能出现,特殊的统治精英们推行其全球性品位与文化霸权的条件也已经被摧毁,从而我们被引向了一个推动后现代进一步发展的历史时期?

多样性的全球化进程

对后现代的关注，引发出的一些主要问题是："为什么是这样一个问题？""后现代主义是怎样、为什么成为今天文化生活的核心主题？"如果从现代主义的观点来看，后现代主义是一种文化失序的标志与征兆，那么从后现代主义看，现代主义，随着它本身以及与之相关的现代性一词的流行开来，就是突出秩序、统一、一致性的始终不变的影像。两个词都彼此相互厌恶，并且似乎经常受二元对立的逻辑的推演，加剧了概念化过程与社会文化实在本身之间的差距。我们已经讨论过，许多后现代主义的特征，在现代社会中都能找到，实际上，在前现代也是如此。日常生活的审美呈现、不断变化的影像文化及有控制的或戏谑的情感宣泄，都已经作为其例证在前面讨论过。我说这些话，就是想问，究竟在多大程度上，它们可以贴上"后现代"的标签？而为什么只是到现在我们才注意到它们的重要性？在我们理解这一社会过程时，多大程度上导致了一种独特的概念框架，从而为具体的文化专家们在具体的制度性实践中所采用，并为独特的观众与公众所大量繁衍并予以接受呢？

有人认为，后现代主义是一种社会建构，或者说它表征了：一种缜密谋划过的、有意识的权力，移入到了中产阶级的文化专家、文化媒介人与企业家的声望经济之中。研究后现代主义，不是要陷入这样的平庸之论。这样的解释有很大的危险，因为它把后现代主义降低为一种行动策略，同时也失去了它为特殊的文化专家（艺术家、知识分子与学者）及其广大观众提供导向工具的作用。说后现代主义是一种导向工具，是因为它在形成和解构文化时、在提高有鲜明个性的艺术与知识生活之秩序时，具有重要地位。这些生活秩序，长期维持着一些对大众狂欢、野性、野蛮和不驯服发生迷恋的潜流与亚文化，而这也是在社会与个体两个层次上，为秩序建立所驱动的文明进程力图排斥或包容的东西。与后现代主义相关的民主的大众冲动，对"他者"

的迷恋神往、对大众快感的容忍、对紧张、分裂的情感体验,都可以在这种传统中得以发现。相应地,"社会的终结""规范的终结""知识分子的终结""先锋主义者的终结"以及"太平盛世之终结、解构"的悲怆哀鸣,也都与后现代主义相关。它们也许不是表明对所有旧框架的抛弃,相反,是一种更具相对性的分类模式的发展。新框架需要更富弹性的原生性解构,需要认可、容忍广泛的差异。这里没有任何从前的那种排挤、压制,没有情感压抑的窘迫,也没有自我威胁的际遇。

……

我已经针对那些认为全球化就是文化整合和同质化发展的观点(例如多国资本主义、美国化、媒体帝国主义的观念以及认为由于普遍性力量而消灭了所有地方性差异的消费文化)提出了我完全反对的意见。然而,如果我们接受这样的观点,即认为民族与大众传统总是被误读和模糊混淆,总是拒绝这样一些普遍性力量,那么,这是否意味着我们应该连"全球文化"这样的概念也一起抛弃呢? 不断增长的国际间货币、商品、人民、影像及信息之流,已经产生了"第三种文化",它是超国界的,它调和着不同国家之间的文化;全球性金融市场、国际法、各式各样的国际代理或机构,就是例子(吉斯纳与谢德,1990)。它们表明一种超越国家间的水平。更进一步的全球文化之意是:全球性的挤压过程使得世界彼此联成一体, 成了一个地方(罗伯逊,1990)。全球化过程就这样,使得世界成了巨大的单一地方,它产生和维持世界的各种形象,以象征世界是什么,或者应该是什么。从这种观点看,全球文化不是表明同质性或共同文化,而是相反,它越来越多地表明,我们共享着一个很小的星球,每天都与他人保持着广泛的文化接触,这样,把我们带入不同世界定义之间的冲突的范围也扩大了。彼此竞争的国家文化汇合到一起,展开有全球文化影响的竞争,这就是全球文化的一种可能性。

另一种可能性与后现代主义相关。有人认为,国家形成后,它的一个核心目标就是创造一种共同文化,使地方性差异同质化,并且将国界内的外国人加以同化(鲍曼,1990)。国家引导的文化运动以及民族主义的认同规划,是现代化的核心,而对它们的抛弃,是走向后现代性运动的一种征兆。当我们进入一个民族或文化界限更易交叉、更易重构的时代的时候,它提供了更大的宽容性机会的前景。这第二种可能性表明,后现代主义提供了经由多样性而统一的前景,它将事先世俗的大一统,即基于与涂尔干的人性理论相关的大一统(ecumene)。应该补充的是,在没有世界国家出现的情况下,我们唯一可以想象全球文化的同一性与正在产生的统一形象的途径,是一些泛全球性威胁。要寻找这样的文化可能性,只能求助于科幻小说。

　　选自[英]迈克·费瑟斯通:《消费文化与后现代主义》,刘精明译,译林出版社,2000年,第139~140页、第159~162页、第208~212页。

4. 乌尔里希·贝克*:风险社会

论财富分配的逻辑和风险分配的逻辑

在发达的现代性中,财富的社会生产系统地伴随着风险的社会生产。相应地,与短缺社会的分配相关的问题和冲突,同科技发展所产生的风险的生产、界定和分配所引起的问题和冲突相重叠。

这种从短缺社会的财富分配逻辑向晚期现代性的风险分配逻辑的转变,在历史上(至少)与两种情况有关。首先,就像我们今天所认识到的那样,这种转变发生在——并且是在此程度上——那些纯粹的物质需要上面,它们通过人力和技术生产力的发展,通过法律和福利国家的保护和规范,能够在客观上被降低,并且在社会中被隔离。其次,这种范畴的转变同样依赖于以下事实:在现代化进程中,生产力的指数式增长,使危险和潜在威胁的释

---

* 乌尔里希·贝克(Ulrich Beck,1944—2015),德国社会学家,德国慕尼黑大学社会学教授,伦敦政治经济学院英国社会学杂志百年访问教授,被认为是当代西方社会学界最具影响力的思想家之一。主要著作有:《风险社会:新型现代的未来出路》(1986)、《自反性现代化:在现代社会秩序下的政治、传统和美学》(1994)等。

放达到了一个我们前所未知的程度。①

随着这些情况的发生，一种思考和行动的历史模式就被另外一种模式相对化或超越了（在马克思或韦伯最宽泛的意义上）。"工业社会"或"阶级社会"这样的概念，是围绕着社会生产的财富是如何通过社会中不平等的然而又是"合法的"方式实行分配这样的问题进行思考的。它与新的风险社会的范式相重叠，后者要解决的是与前者相类似然而又是极为不同的问题。在发达的现代性中系统地产生的风险和威胁，如何能够避免、减弱、改造或者疏导？最后，它们在什么地方以一种"延迟的副作用"的形式闪亮登场？如何限制和疏导它们，使它们在生态上、医学上、心理上和社会上既不妨害现代化进程，又不超出"可以容忍的"界限？

从而，我们不再仅仅关心利用自然或者将人类从传统的束缚中解放出来这样的问题，而是也要并主要关注技术-经济发展本身产生的问题。现代化正变得具有反思性，现代化正在成为它自身的主题和问题。（在自然、社会和个体领域中的）科技发展和使用的问题，被对实际或可能使用的科技的风险进行政治和经济"管理"——依据特别界定的有关它们之重要性的观点去发掘、治理、认识、避免或掩盖这些危险——这样的问题所遮盖。对安全性的承诺随着风险和破坏的增长而增长，并且这种承诺必须对警觉和批判性的公众通过表面的或实质的对技术-经济发展的介入而不断地重申。

两种有关不平等的"范式"都系统地与现代化的特定阶段相联系。只要在国家和社会中明确的物质需要——"短缺的专制"——还统治着人们的思想和行动（就像今天在大部分所谓的第三世界中那样），社会生产的财富分配以及与之相联系的冲突就占据着历史的前台。在这种短缺社会的境况下，

---

① 现代化意味着组织和工作中的技术理性化和变化的狂潮，但除此之外，它包含了更多的东西：社会特征和标准生涯的变化，生活方式和爱的模式的变化，权势结构的变化，政治压制和参与形式的变化，对现实的看法及知识模式的变化。在社会科学对现代性的认识中，耕犁、蒸汽机车和微芯片是一个更为深层的、构成和重塑了整个社会结构的进程的可见指示物。最后，生活所依赖的确定性源泉变化了（Ezioni，1968；Koselleck，1977；Lepsius，1977；Eisenstadt，1979）。最近几年（本书德文第3版出版之后），出现了一种新的现代化理论潮流。现在，争论的中心是用后现代的观点质疑现代化的可能性（Benger，1986；Bauman，1989；Alexander and Setompla，1990）。

现代化进程是随着用科技发展的钥匙开启隐藏的社会财富源泉之门的主张而开始的。从阶级到阶层化和个体化的社会中,这些从不应有的贫困和依赖中解放出来的承诺,都是以社会不平等范畴进行行动、思考和研究的基础。

在西方高度发达的、富裕的福利国家中,正在发生一种双重的过程。一方面,为了"每天的面包"的斗争,与在 20 世纪前半叶以及被饥饿折磨的第三世界人们相比,已经失去了它作为一个超越于其他一切问题之上的首要问题的紧迫性。对很多人来说,"超重"的问题代替了饥饿的问题。虽然这种发展状况撤销了现代化进程的合法基础——对明确的物质短缺的斗争——但我们还要准备接受它的一些(不再是完全)看不见的副作用。

与此相应的,是有关财富的源泉已经被不断增长的"有害副作用"所"玷污"的知识在扩散着。这绝不是什么新东西,但它在力图征服贫困的努力中被长时间地忽略了。这一阴暗而同样通过生产力的过度发展而获得了它的重要地位。在现代化进程中,也有越来越多的破坏力量被释放出来,即便人类的想象力也为之不知所措。这两方面都助长了一种逐渐增加的对现代化的批判,它突出地但又是有争议地决定着公众的讨论。

系统而言,从社会演化史的角度来看,或早或晚,在现代化的连续进程中,"财富-分配"社会的社会问题和冲突会开始和"风险-分配"社会的相应因素结合起来。在联邦德国,我们最迟在 70 年代早期已经在面对这种转变的开始——这正是我的论点。这意味着两种类型的主题和冲突在这里是重叠的。我们还没有生活在一个风险社会中,但我们也不是仅仅生活在短缺社会的分配冲突中。只要这一转变发生,就会出现一种实质的社会变迁,它将使我们远离原先的思考和行动模式。

……

风险的概念直接与反思性现代化的概念相关。风险可以被界定为系统地处理现代化自身引致的危险和不安全感的方式。风险,与早期的危险相对,是与现代化的威胁力量以及现代化引致的怀疑的全球化相关的一些后果。它们在政治上是反思性的。

　　风险，在这种意义上，当然是与这种发展同时出现的。大部分人口的贫困化——"贫穷风险"——迫使 19 世纪一直屏住呼吸。"技能风险"和"健康风险"曾经一直是自动化过程以及相关的社会冲突、保护（和研究）的主题。为了建立社会福利国家模式，减少或限制这些类型的风险，人们在政治上着实付出了一些时间和努力。尽管生态和高科技的风险已经搅扰了公众相当长的时间，但接下来将要成为本书讨论焦点的东西，还是具有新的特质。在它们所产生的苦难中，它们不再与它们起源的地方，即工业工厂相联系。从它们的本质上看，它们使这个行星上所有的生命形式处于危险之中。标准的计算基础——事故、保险和医疗保障的概念等——并不适合这些现代威胁的基本维度。比如，核电站单独来看不可能被保险或者说是不可保险的。原子能事故（在"事故"这个词狭隘的意义上）已经不是事故了。它超出了世代。那些当时还未出生的或者多年以后在距离事故发生地很远的地方出生的人，都会受到影响。

　　这意味着，科学和法律制度建立起来的风险计算方法崩溃了。以惯常的方法来处理这些现代的生产和破坏的力量，是一种错误的但同时又使这些力量有效合法化的方法。风险学家通常都是这样做的，就好像在 19 世纪的地方性事故和 20 世纪末常常是徐缓的、灾难性的潜在威胁间，不存在一个世纪的差距。确实，如果你区分了可计算的和不可计算的威胁，风险计算就会引致新的工业化的、由决策产生的不可计算性和威胁，无论出于战争还是福利的目标，它们都在高风险工业的全球化进程中散播。马克斯·韦伯的"理性化"概念已经无法把握这由成功的理性化产生的晚期现代化的现实。伴随技术选择能力增长的，是它们的后果的不可计算性。与这些全球化后果相比，早期工业化的危险确实属于一个不同的时代。高度发展的核能和化学生产力的危险，摧毁了我们据以思考和行动的基础和范畴，比如空间和时间、工作和闲暇、工厂和民族国家，甚至还包括大陆的界线。换一种方式说，在风险社会中，不明的和无法预料的后果成为历史和社会的主宰力量。

将分离的东西结合起来考虑：因果性假设

文明的风险地位的知识依赖性和不可见性，并不足以使我们从理论上界定它们，它们还包括另外的内容。有关风险的陈述从来没有简化为仅仅是关于事实的陈述。它包括理论的和规范的内容，这都是它的组成部分。像"在儿童身上有高浓度的铅"以及"母乳中的杀虫剂成分"这样的发现，并不比河流中的硝酸盐浓度或者空气中的二氧化硫含量这样的现象更像是文明的风险状况。必须添加一种因果的解释，以使这些现象呈现为工业生产模式的产物和现代化的系统副作用。从而，在社会公认的风险中，现代化进程的权威和机构，以及它们特殊的利益和依赖被假定并被置于(以因果的模式)与在社会、内容、空间和时间上相分离的破坏和威胁的征兆的直接关联之中。依照这样的方式，在慕尼黑近郊的住宅区里，一位母亲坐在一所带有三个卧室的公寓里，照顾她三个月大的孩子马丁的情景，是与生产农药的化学工业，与那些发觉自己被欧洲经济共同体的法规强迫以过度施肥的方法进行专门化的大规模生产的农民，是"直接联系一起的"。可供人们去寻找副作用的范围仍旧是开放的。最近，在南极的企鹅身上发现了过量的滴滴涕。

这些例子表明了两个问题：首先，现代化风险出现在地理上特定的地域，同时它也是非特定的、普遍的；其次，它们形成有害影响的曲折途径是多么的不稳定和不可预测。那么，在现代化风险中，空间和时间上分离的东西，实质上同时也是客观上，以因果关系结合起来，从而形成一种有关责任的社会和法律的语境。至少从休谟开始我们就知道，因果关系的预设是不为我们所了解的。预设必定是想象的，默认其真理性的。同样在这个意义上，风险是不可见的。暗含的因果关系常常维持着或多或少的不确定性和暂时性。因此，我们甚至在风险的日常意识中，都是在处理一种理论的进而是科学化的意识。

因果的链条和破坏的循环：系统的概念

再次坦率地说，所有这些影响的发生是完全独立于暗含的因果解释的，无论这些解释从科学的观点看是多么可靠。一般而言，各种科学和学科所关心的问题是非常不同的。风险界定的社会影响因而是不依赖于它们的科学合法性的。

然而，解释的多样性还基于现代化风险自身的逻辑。首先，我们企图在破坏性影响与个人因素间建立联系，而后者很少能够从工业生产模式的复杂体系中被分离出来。在商业、农业、法律和政治的现代化中，高度专门化的机构在系统上的相互依赖是与不存在可分离的单个原因和责任的情况相一致的。是农业污染了土壤，或者耕种者只是破坏过程中的一个微不足道的环节？他们对于化学饲料和肥料工业来说或许只是次级的和从属的市场？可以对他们施加影响来预防土地的污染吗？专家原本在很早以前就可以禁止或彻底限制这些有毒化学品的销售，但他们没有这样做。相反，依靠科学的支持，他们继续发放生产"无害"的有毒化学产品的许可证，而那些化学品正在深深地影响着我们（而且还会更深）。专家、科学和政治，谁会接过这烫手的山芋？但首先他们都不种地。那么是耕种者吗？但他们受着欧共体的压榨，他们必须为了生存而通过大量施肥进行过度生产……

换言之，与高度分化的劳动分工相一致，存在一种总体的共谋，而且这种共谋与责任的缺乏相伴。任何人都是原因也是结果，因而是无原因的。原因逐渐变成一种总体的行动者和境况、反应和逆反应的混合物，它把社会的确定性和普及性带进了系统的概念之中。

这以一种典型的方式揭示了系统这个概念的伦理意义：你可以做某些事情并且一直做下去，不必考虑对之应负的个人责任。这就像一个人在活动，却没有亲自在场。一个人进行物理的活动，却没有进行道德或政治的活动。一般化的他人——系统——在个人之中并通过个人行动：这是文明的奴隶道德,在其中人们进行个人和社会的行动,似乎从属于自然的命运,即系统的"万有引力定律"。这就是当我们而对可怕的生态灾难时扔掉"烫手的山芋"的方式。

风险内容:作为行动刺激物的未然事件

风险当然不会在已经发生的影响和破坏上耗尽自身。这里必须存在一种已经发生的破坏结果和风险的潜在要素间的区分。在第二种意义风险主要表现了一种未来的内容。这部分是基于现存可计算的破坏作用在未来的延续,部分是基于普遍的缺乏信心和"风险倍数"(risk multiplier)。那么在本质上,风险与预期有关,与虽然还没有发生但存在威胁的破坏作用有关,当然在这个意义上风险在今天就已经是真实的。举一个来自环境问题专家委员会的例子:这个委员会注意到,从氮肥中产生的高浓度硝酸盐到目前为止很少(如果有的话)会渗透到我们汲取食用水的深层地下水中。硝酸盐在底土层就分解了。这如何发生、还能持续多久并不知道。我们没有理由不无保留地期望在未来这种保护层的过滤作用还存在。"应该小心的是,现有的对硝酸盐的过滤经过几年或几十年会发展到更深的地下水层,这对应于时间的流逝有一种延迟。"换言之,定时炸弹在滴答作响。在这个意义上,风险预示一个需要避免的未来。

与财富的具体可感相比,风险具有某种非现实性。在根本的意义上,风险既是现实的又是非现实的。一方面,有很多危险和破坏今天已经发生了:水体的污染和减少,森林的破坏、新的疾病,等等。另一方面,风险实际对社会的刺激在于未来预期的风险。在这个意义上,存在着一旦发生就意味着规模大到以至于在其后不可能采取任何行动的破坏的风险。因而,即使作为猜测,作为对未来的威胁和诊断,风险也拥有并发展出一种与预防性行为的实践联系。风险意识的核心不在于现在,而在于未来。在风险社会中,过去失去了它决定现在的权力。它的位置被未来取代了,因而,不存在的、想象的和虚拟的东西成为现在的经验和行动的"原因"。我们在今天变得积极是为了避免、缓解或者预防明天或者后天的问题和危机——或者什么也不干。数学模型所预期的劳动市场的瓶颈,对教育行为有直接的影响。预期的失业威胁是今天的生活状况与态度的重要决定因素。预期的环境破坏以及核恐惧颠覆了社会,并使大批的青年走上街头。在对未来的讨论中,我们处理的是"预期变数",是现在(个人的和政治的)行动的"预期的原因"。这些变数的意义和重要性直接与它们的不可预测性以及威胁成正比。我们(必须)预期后者来确定和组织我们现在的行动。

选自[德]乌尔里希·贝克:《风险社会》,何博闻译,译林出版社,2004年,第15~20页、第26~27页、第33~35页。

六

多元文化社会理论

1. 戴安娜·克兰*：文化生产

城市中的阶级文化

尽管文化工业将其产品销往全国市场，许多小文化组织却面向都市中的受众生产和传播文化产品。都市文化是由小文化组织生产和销售的，面向无论在年龄、社会阶级、族群或种族背景，还是在教育等方面都很相近的受众。当这些受众主要来自中产阶级或上层阶级时，这些文化产品通常被界定为"高雅文化"。其中一些文化产品深奥难懂，有一些在内容方面与大公司销售给全国受众的文化并没有什么大的不同。

一般来说，针对来自少数民族或下层阶级群体受众的都市文化没有被称为高雅文化[例如黑人和拉美戏剧以及都市贫民区里墙上的涂鸦之作(graf-fiti)和壁画]。这些文化产品有时候很难懂(例如爵士乐)和很晦涩，其他文化产品很可能与几百年前的一书或当前全国文化工业生产的流行文化相似。

某些种类的都市文化一直被认为属于控制交响乐团和博物馆这类组织的精英们，它们在这些地方演出或展出。在 19 世纪，精英们通过控制文化组织来确立他们的社会地位(DiMaggio,1982)。精英们控制这些文化种类，结果

---

　　* 戴安娜·克兰(Diana Crane,1946—　)，美国文化社会学家，在艺术、媒体、大众文化研究等方面很有建树。主要著作有：《无形学院》(1972)、《文化生产》(1992)、《时装及其社会负载：服饰的阶级、性别与身份》(2000)、《全球文化：媒体、艺术、政策与全球化》(2002)等。

将它们的受众限制在经营范围内,与其他类型的都市文化例如戏剧、手工艺品展销、游行和演出音乐的俱乐部相比,这些都市文化类型显得更加突出。其他都市文化形式更有可能收到来自中下层或工人阶级背景的群体的控制,它们经常受到这些阶级内部一个特殊族群的控制。例如,表演爵士乐或布鲁斯的俱乐部通常在黑人居住区,而摇滚乐俱乐部常常设在下层阶级白人居住区内。游行是一些都市文化的一项重要组成,是属于中下层阶级或工人阶级的特殊族群组织的(例如费城的化装游行或全国各地的圣地兄弟会游行)。①

上层阶级和中产阶级文化是由致力于这种目的的组织传播的,它们为文化创造者提供了一定程度的支持和稳定性,在当地媒体中享有相当高的声望,非常引人注目。下层阶级文化是由并不致力于这种目的的组织,例如酒吧、夜总会和咖啡馆传播的。这些文化世界在当地媒体中名气较小,也不那么引人注目,而且往往受到都市开发者的忽视。由于族群成员之间相互通婚或向社会上层流动,他们参与这类组织特有的文化形式的活动减少。结果,下层阶级的都市文化的存在往往比较短暂。

从社会学视角来看,都市文化是阶级文化,正因为此,它们反映了消费这些文化的社会群体的价值、态度和资源。人们认为他们限定了政治和经济界限,在总体上巩固了精英们和城市的声望;城市的文化资源被等同于精英的文化资源。从声望和社会地位角度阐释社会精英对文化的兴趣,可认为它是谋私,但在经济上,它是无功利可言的(Baltzell,1979;DiMaggio,1982)。

今天有许多因素促使人们质疑这种都市文化模型。首先,这种模型过分强调精英们的影响,既忽视了非精英都市文化的存在,也忽视了精英在都市文化中影响在下降这一事实,因为他们已经无力为诸如交响乐团、歌剧院和艺术博物馆这类组织提供全部预算。随着这些组织转向其他资助来源,主要是公司和政府机构,它们不得不吸引更能代表全部人口的受众。其次,新的参与者,例如对都市文化的精英形式越来越有影响的商业公司和都市开发

———————
① 在1990年,纽约市有765场游行,其中绝大多数是种族团体资助的。

者,并不是无功利性的,一般来说,他们直接或间接试图从他们与这些文化形
式的联系中牟利。再次,现存的都市文化的精英控制模型以城市社会组织模
型为前提,这种城市组织模型适合美国较古老的城市而不适合较新的和发展
最快的都市地带。中心居住区界限分明、文化组织繁多的城市,在提供的文化
产品的性质和种类方面与所谓的公司城市区别很大,这些公司城市分布极为
分散,城市的郊区商店区和社区中心提供市中心所需要的东西。

戏剧与文化世界

20 世纪美国戏剧史表明,每一个新的剧作家和导演群体在事业的开端
都试图创新,但最终都落入商业行为的窠臼。正如利维(Levy, 1980)所指出的
那样,美国戏剧上的新运动一开始的特点都是鄙视商业成功,不注重吸引规
模可观的公众,乐于为戏剧生产设立新标准。除了外外百老汇(off-off Broadway)
戏剧之外,表演艺术的迫切要求使每一场运动都放弃了它的目标。它们越来
越关注票房收入,随之而来的是改变它们的艺术生产标准。这些组织的经历
似乎是这样的,它们通常是在以网络为导向的语境中开始的,但在大多数情
况下,吸引固定受众的问题必然使它们成为非赢利性的或赢利性的组织。后
者的缩影就是百老汇戏剧。

迪玛吉奥和斯坦伯格(DiMaggio and Stenberg, 1985)对非赢利性的地方
戏剧的研究,有助于阐明这种情况对戏剧生产的某些影响。①与小剧院相比,
较大的剧院生产新戏剧的可能性小得多,它们更有可能生产在其他地方剧院
或在纽约已经获得成功的戏剧。规模是一个主要因素,因为它与年代(较古老
的剧院往往比较保守)、日益增加的预算和必要的详尽财务计划,以及社区内
的制度化相关联。制度化需要向作为剧院永久场所的房地产投资,需要社会
领导者参与董事会,需要试图通过捐赠扩大和稳定受众。所有这些可变因素

---

① 在 1979 年,大约有二百个非赢利性地方剧院,其中大多数得到基金会、州和地方政府以及
公司的资助(DiMaggio and Stenberg, 1985)。

导致戏剧演出曲目保守,因为失败所需付出的代价增加了。另一方面,抵制促使组织发展和扩大的这些压力的小剧院更有可能关门停业。

然而,少数小剧院在最能接受新戏剧者之列。因为这些剧院中有许多位于外外百老汇,这表明,剧院所处的都市环境性质是一个重要因素。尤其需要指出的是,这些剧院处于舞蹈家、画家、音乐家和其他创作者组成的交叉网络的中间位置。

外外百老汇剧院始于格林尼治村的咖啡馆。与其他环境中种类相似的许多剧院不同,这些剧院尽力保持小规模和不以赢利为目的。部分原因在于它们能够得益于各级政府机构和基金会的资助,这种资助相对保守稳定大约二十年之久。因此,它们不需要将受众扩大到周围志同道合的反文化热心者组成的社群之外。创造者、表演者和受众有着相同的价值观念和社会事业(越南战争、支持民权和女权主义)。受众来到这里并不是为了娱乐,而是为了寻求兴奋和刺激。这些群体故意试图震撼它们的受众,表现与美国中产阶级生活不相协调和对它进行尖锐批评的素材。其他群体发挥实验创作室的作用,主要生产使用非正统的导演和表演风格的新剧作家的作品。

通过加深从工人阶级、少数民族和种族群体中吸引来的受众对社会和经济问题的理解而试图将他们政治化的激进剧院,与孤立的以网络为核心的文化世界相类似。这些剧院往往保持最低的组织程度,它们建立在共识而不是等级制基础上。这些组织常常是集体性组织,成员平均分配钱财和工作。它们强调的是合作而不是个人表现。诸如剧作家、演员和导演这些角色划分得并不很清楚;所有成员都参与写作和上演一出戏。这些戏剧团体并不追求商业利润;它们以最低的花销和最简单的设备维持运转。它们经常在监狱、社区中心、工会集会、哨所、劳动营和公园里演出。这些团体喜欢在演员和观众能够混在一起的环境下演出,而不使用将受众和演员分隔开的传统戏剧空间。

尽管商业性和非赢利性剧院以非个人的、超然的态度对待受众,然而激进派戏剧却将受众看作同事,鼓励他们在表演过程中积极创造意义。受众应当作出理智反应,而不是以看戏自娱。这类戏剧团体的目的是,使受众的注意力集中在戏剧中的事件和现实世界的状况之间的联系上。演出结束后,这类团体经常与受众进行讨论,帮助受众将舞台上的事件与舞台下的事件联系起来。

……

为什么戏剧是美国少数民族的一种重要的政治表现形式呢？出人意料的是,比较一下集权主义国家,就会发现答案,集权主义国家没有可供利用的其他政治表现来源,戏剧成为一种重要的政治工具(Goldfarb,1976)。社会越是具有集权主义性质,越是等级森严,从弱势群体向强势群体传播信息就越有限。在美国,族群和少数民族同其他社会成员以及彼此之间交流他们面临的问题也存在着困难。部分原因在于,他们没有得到大众媒体和全国性流行文化工业的周到服务。大众媒体没有充分地表现他们的问题(Winick,1979)。结果,这些群体转向了戏剧,将它当成发表政治主张、彼此之间以及与其他社会群体进行交流的一种手段。

区域性亚文化

都市亚文化变化很大并且高度零散化，它们是由具有专门兴趣的少数受众组成的。总体上,他们占有相当大的人口比例,但是每个阶层都单独面对市场,极少能得到其他阶层的支持。这些受众无疑消费全国性流行文化工业提供的产品,但是,除此之外,他们所具有的比较独特和专门的兴趣,这些可替代的亚文化能够予以满足。

……

都市亚文化创造的文化产品当中有多少会传播到其他城市或成为一种区域性亚文化的组成部分？其他城市之间联系的性质因表演艺术的种类不同而有所变化。正如我们所见到的那样,为中产阶级受众生产文化的表演艺术组织主要使用全套固定曲目，对那种特殊文化形式感兴趣的人们非常熟悉构成这些曲目中作品。当这些组织演出新作品的时候,这类作品不大可能在其他城市上演(DiMaggio and Stenberg,1985)。因为创新是在口头上加以强调,已经演出过的,因而并不是"全新的"作品,是不能采用的。

就剧院而言,当其他城市的剧院上演原产于别处的一出新戏的时候,散播就发生了。如果这个戏到百老汇上演,它就非常有可能在其他区域性的剧院上演。因此,在一个极为引人注目的环境下演出一部作品能够促进这部作品的销售。在70年代末,百老汇约有百分之十五到百分之十八的戏剧最初是在区域性剧院演出的。

然而,尽管在三十年中,非赢利性组织在总体上生产了为数众多的新戏剧,可是,这些作品中只有极少数在首次上演它们的剧院之外得到上演(DiMaggio and Stenberg,1985)。在非赢利性剧院上演作品次数最多的二十位剧作家中,只有百分之二十一是当代美国作家。这些剧作家创作的大部分剧本从来没有出版,因此,这些剧本存活的时间极为短暂。

大唱片公司根本不理睬爵士乐和实验音乐,但是小唱片公司有助于将爵士乐和实验音乐广泛传播到它们的都市原产地之外。小唱片公司的消费者一般说来是达到六千到七千人,其中绝大多数居住在小唱片公司所在的城市里或周边地区。这些消费者队伍的壮大受到全国发行系统的相对不畅的限制,全国发行系统被用于发行大宗唱片,而不是用于发行适合少数人口味唱片(Gray,1988)。这些小公司的业主致力于生产特殊类型的音乐,而不是从中牟利。他们在确保它传播,从而确保它获得艺术成功方面发挥了重要作用(Gray,1988)。

最后,少数亚文化是区域性的,甚或是全国性的。"快意死者"(The Grateful Dead)乐团已经巡回演出了二十多年,吸引了许多热心受众,他们几乎膜拜式地与这个乐团认同,彼此之间也相互认同。随着时间的流逝,这些亚文化的魅力不但没有减少,反而增加了。

选自[美]戴安娜·克兰:《文化生产:媒体与都市艺术》,赵国新译,译林出版社,2012年,第111~113页、第136~139页、第142~144页。

2. 朱迪斯·巴特勒*：女性主义

　　我从女性主义政治是否能够丢开一个妇女范畴的"主体"的设问开始。关键的问题不在于为求能够代表妇女、为她们伸张权利而诉诸妇女范畴——不管是策略上的还是暂时性的——是否仍然可行。女性主义的"我们"一直是、也只是一种幻想的建构；它有着自己的目的，却拒绝接受这个词语内在的复杂性与不确定性，而仅是通过排除这个它同时寻求作为其代表的群体的一部分来建构它自身。然而，"我们"的脆弱或幻想的特质，并不构成沮丧的原因，或者至少不是沮丧的唯一原因。这个范畴根本上的不稳定性，使得女性主义政治理论建构基础上的限制受到质疑，打开了其他构想的可能性——不仅是有关性别与身体而已，也包括政治本身。

　　基础主义对身份政治的论述，往往认定必先有身份上的正名，才能够对政治利益作阐发，然后采取政治行动。我的论点是，并不一定要有一个"行为背后的行为者"，"行为者"反而是以不一而足的各种方式在行为里、通过行为被建构的。这不是回归到存在主义所谓自我是通过它的行动而建立的理论，因为存在主义理论主张自我与其行动两者都具有一种前话语的结构。在此让我感兴趣的，正是这两者在彼此中、通过彼此而在话语上具有可变性的互相建构。

---

　　*　朱迪斯·巴特勒（Judith Butler, 1956—　　），耶鲁大学哲学博士，加州大学伯克利分校修辞与比较文学系教授，后现代主义思想家之一，在女性主义批评、性别研究、当代政治哲学和伦理学等领域成就卓著。代表著作有：《性别麻烦：女性主义与身份的颠覆》（1990）、《身体之重》（1993）、《消解性别》（2004）等。

　　设立"能动性"的问题通常与"主体"的可行性相关,而"主体"被理解为具有某种稳定的存在,先于它与之周旋的那个文化领域。或者,如果主体是文化所建构的,它仍被赋予一种能动性,通常被表述为反身中介(reflexive mediation)的能力,这能力没有因为那个主体深嵌于文化之中而有所减损。在这样的模式里,"文化"与"话语"使主体陷入其泥淖中,但并非构成了那个主体。为了建立一个不完全被那个文化和话语所决定的能动位置,对先在的主体予以限定并使之深陷于话语网罗中的作法似乎是必要的。但是,这样的论述错误地假定了:一、能动性只有诉诸一个前话语的"我"才得以建立,即使那个"我"陷于各种话语的交集里;二、被话语建构意味着被话语所决定,而被决定排除了能动的可能性。

　　即使在一些主张高度限定性或情境决定的主体理论里,主体仍然以一种对立的认识论框架与其话语建构环境遭遇。深陷于文化中的主体协商着它的建构,即使那些建构其实是它自己的身份的谓语(predicates)。比如说在波伏娃的理论里,有一个"我"实践它自己的性别,成为它的性别,但是那个"我"虽然总是与它的性别有关联,却是一个永远无法完全等同于它的性别的一个能动位置。我思故我在的主体,永远不会是它与之周旋的那个文化世界所完全构成的,不管那个主体与它的文化谓语之间本体上的距离有多贴近。阐述肤色、性欲、族群、阶级以及身体健全性等谓语的女性主义身份理论,总是在列表的最后加上一个尴尬的"等等"作结尾。通过这些横向并列的形容词,这些理论立场试图含纳一个情境化的主体,但总是无法全尽。然而这样的失败是发人深省的:从经常在这样的文句结尾出现、愈趋愈烈的这个"等等",我们可以得到什么政治动力? 这是一个耗竭的符号,也是代表无限的意指过程本身的符号。这是一种补充(supplement),是企图一劳永逸设定身份的任何努力必然要额外附加的。然而,这个无限的"等等"为女性主义政治理论的建构提供了一个新的出发点。

　　如果身份是通过一个意指的过程而确立的,如果身份一直已经就是有了意指的了,而它在流转于各种不同、环环相扣的话语间的同时仍持续进行意指，那么要回答能动性的问题，就不能回归一个先于意指过程存在的"我"。换句话说，能够主张一个"我"的条件，是由意指的结构——管控那个代名词的合法与不合法使用的一些规则；确立那个代名词之所以能够通行的理解框架的一些实践——所提供的。语言不是一个外在的媒介或工具，让我可以往里头倾注一个自我，并从中拾集那个自我的反射。被马克思、卢卡奇以及许多当代解放话语所挪用的黑格尔的自我认知模式，预设了这个直面它的世界——包括它的语言、把世界当作一个客体的"我"，与那个发现自己是那个世界里的一个客体的"我"之间，有潜在的趋同的可能。但是这样主体/客体的一分法是属于西方认识论的传统，它限制了它本身试图解决的身份这个难题。

是什么话语传统把"我"和它的"他者"建立为认识论上的一种对立关系，然后这关系又决定了可知性与能动性的问题在何种场合、如何受到限制？当我们假设一种认识论主体的时候，预先支配那个主体的调用、管控它的能动性的规则和实践，被排除在分析与批判介入的领域之外，那么什么形式的能动性正是因为这样而被排除了？认识论的出发点绝非不可不然，这在一般语言的日常运作中得到了素朴与普遍的证实——这点在人类学里有广泛的记录。在这些语言的运作中，主体/客体的二分被认为是哲学所强加的一个奇怪的、本质具有偶然性的——如果不是暴力的话——概念。像这样与认识论模式密切相关的具有占有性、工具性而且造成隔阂的语言，也属于一种统治策略：把"我"和一个"他者"放在对立的位置，而一旦这样的区隔实现，就会产生一系列有关那个他者是否可知、是否可恢复等伪问题。

作为当代身份政治话语的认识论传承的一部分，这样的二元对立是一套特定意指实践里的一项策略行动，它在这个二元对立中、通过这个二元对立建立"我"，物化这个对立使之具有一种必然性，并隐藏这个二元对立本身所由以建构的话语机制。从一种认识论的身份诠释，转向一种将这个论题置于意指实践内的诠释，使我们可以把认识论模式本身视为一种可能的、本质为偶然性的意指实践来分析。此外，能动性的问题也重新表述为意指是如何运作的问题。换句话说,凡被意指为一身份者,不是在某个特定的时间点上被意指完成后就停在那儿,形成一件无活性的实体性语言成品。无疑地,身份能够以这么许多无活性的实在面目呈现;事实上,认识论模式往往拿这样的表象作为它们理论的出发点。然而,这个实在的"我"之所以会有这样的表象,完全得自某种试图隐藏它本身的运作、并自然化其结果的意指实践。此外,要获得实在身份的资格是一项费劲的工作,因为这些表象是由规则产生的身份,它们的产生端赖对那些限定、限制文化上可理解的身份实践的规则进行前后一贯、不断重复的调用。事实上,把身份理解为一种实践、一种意指实践,就是把文化上可理解的主体当作某种受到规则限定的话语所造成的结果,而这话语将自身嵌入语言生活中普遍而寻常的意指行为里。抽象地来想,语言指涉一个开放的符号系统,经由这个系统,可理解性不断地被创造并受到挑战。话语是具有历史特殊性的语言组构,以复数的形式呈现,并存于时间的框架里,创建无法预测、非刻意的各种交集,从中一些独特的话语可能性模式得以产生。

意指作为一个过程,它内在蕴含了认识论话语所指涉的"能动性"。那些决定什么是可理解的身份的规则,亦即使得对一个"我"的主张可以被理解,同时又对之加诸限制的规则;那些部分依照性别等级和强制性异性恋矩阵建构的规则,它们都是通过重复运作的。事实上,当我们说主体是被建构的时候,意思就是指主体是某些受规则所支配的话语的一个结果,这些话语决定了哪些身份的调用是属于可理解的。主体并非被它所由以产生的那些规则所决定,因为意指不是一种创立的行动,而其实是一个受到管控的重复过程,它正是通过生产一些实在化的结果而自我隐藏,同时强制施行其规则。在某种意义上,所有意指都是在重复强迫症的规律下发生的;因此,"能动性"要从那个重复当中发生变异的可能性里去寻找。如果支配意指的规则不仅仅是限制,而同时也使我们能够主张一些另类的文化可理解性范畴,亦即足以对等级性二元体系的僵化规条形成挑战的一些新的性别可能性,那么,颠覆身份的可能只存在于重复的意指实践之内。必须成为某个特定性别的指令必然产生挫败：呈现多元性的各种不一致的设定，超越并违抗了它们所由以产生的指令。此外，必须成为某个特定性别的指令本身，是经由话语的途径下达的：成为好妈妈、成为可欲的异性恋客体、成为合格的工作者，总而言之，回应同时俱来的各种要求而意指多种多样、确保可以达成的结果。这些话语指令同时并存、有所交集，产生了复杂的重新设定和重新调度的可能性；这不是指有某个超越的主体，可以从这样的交集里产生行动。没有存在于这些交集之前，或是可以在进入这个矛盾冲突的文化领域之前维持着"完整性"的自我；所有的只能是某种就地取材而已，而能"取"什么还要看有什么材在那儿。

在性别的意指实践里，什么构成了颠覆性的重复？我指出过（这个"我"调用了支配哲学推论文类的文法，但要注意：是文法本身调度这个"我"并使之成为可能，即使坚守在这里的这个"我"重复、重新调用，以及挑战——如批评者将会下的定论——它所由以成为可能并受到限制的那个哲学文法），就如同在生理性别/社会性别区分的这个例子里，生理性别被当作是"真实"和"事实"，是物质或身体的基础，而社会性别在这个基础上以一种文化铭刻的行动运作。然而，社会性别被书写于身体之上，并不像卡夫卡《在苦役营》里的黥刑工具一样，在受刑人的肉体上镌刻鬼画符式的印记。这里的问题不在于：那样的铭刻带有什么内在的意义？而是什么样的文化设置促成了这个工具与身体的相遇？有什么方法可能干预这个仪式性重复？"真实"与"性/别事实"是幻想的建构——实在的假象，身体被迫去趋近它们，但永远没有可能达成。那么，什么可以使幻想和真实之间的裂缝暴露出来，从而使真实承认它自己是幻想的？这是否提供了某种重复的可能性，它不全然受限于必须一再巩固自然化的身份的这个指令？正如同身体的表面被当作是自然物来演绎，这些表面也可以成为某种不协调的、去自然化的表演的场域，而这表演揭露了这自然物本身具有操演的性质。

戏仿实践有可能促使某种特权的、自然化的性别设定，与衍生的、幻想的、模仿的性别设定——说穿了就是伪劣仿品——之间的区分再度被活用、

被巩固。而戏仿的确被用以助长一种绝望政治(politics of despair),亦即承认
边缘性别从自然、真实的领域被排除似乎是无可避免的。然而,我认为无法
成为"真实的"、无法肉身具化"自然的"这种挫败,是内置于所有性别演绎的
一种挫败,因为这些本体位置从根本上来说是不可能进驻的。因此,那些戏
仿实践——在其中原初、原真、真实之物本身被建构为结果——的恣仿作用
具有某种颠覆性的效果。失去性别规范的结果将使得性别设定增衍、实在身
份变得不稳定,并且使自然化的强制性异性恋叙事失去了它们的中心主角:
"男人"和"女人"。对性别的戏仿重复同时也暴露了误以为性别身份是一种
难以究竟的深义(depth)与内在实体(inner substance)的错觉。作为一种微妙
的、政治上强制执行的操演的结果,性别可以说是一种"行动",它接受分裂、
自我戏仿、自我批判以及那些对"自然"的夸张展现——夸张到极致的结果
是揭露了性别根本上的幻想性质。

　　我已尝试说明身份范畴经常被认定是女性主义政治的基础,也就是说,
为了要以一种身份政治来调动女性主义,这些范畴是必要的,但它们同时也
预先限定、限制了女性主义原本应该要打开的那些文化可能性。对于那些被
默许的、生产文化上可理解的"生理性别"的各种限制,我们应该将之理解为
生成性的政治结构,而不是自然化的基础。将身份重新设想为一种结果,亦
即被生产的或被生成的,这反而打开了"能动"的可能性;而这些可能性一开
始就被那些将身份范畴视为基础的以及固定的立场给狡狯地排除了。将身
份视为一种结果,意味它既不是宿命地被决定,也不全然是人为的和任意
的。身份的建构性质因着这两条冲突的思路而遭到误解,这显示关于文化建
构的女性主义话语仍然陷于不必要的自由意志与决定论的二元论里。建构
并非与能动性对立;它是能动性无可避免的场景,是能动性获得表达、成为
文化上可理解的那个框架本身。女性主义的重要任务不是去建立一个超越
建构的身份的观点;那是建立一种认识论模式的妄想,这种模式将否定其本
身的文化位置,也因此把自身拔高为一个全球性的主体,而这样的一个位置
所调用的正是女性主义应该要批判的帝国主义策略。关键的任务反而应该

是，找出那些建构所打开的可能的颠覆性重复策略；通过参与那些建构身份的重复实践而肯定局部介入（local intervention）的可能性，并因此展现挑战这些实践的内在可能性。

......

解构身份并不是解构政治，相反地，它证实了身份所由以表达的那些框架本身是政治性的。这样的批判质疑了作为一种身份政治的女性主义所由以表达的那个基础主义框架。这个基础主义的内在悖论在于：它假定、固定并限制了它希望能够再现以及解放的那些"主体"本身。在此，我们的任务不是对一个个新的可能性、就它们作为一种可能性而予以颂扬，而是去重新描述那些已经存在，却存在于被指定为文化上不可理解的和不可能发生的文化领域里的可能性。如果身份不再被定为一个政治三段论的前提，而政治也不再被理解为一套实践、衍生自所谓从属于一个既有群体的主体的利益，那么一定会有一种新的政治设定从旧有的废墟中浮现。生理性别和社会性别的文化设定可能因而增衍，或者更正确地说，它们现有的增衍因而可以在那些确立何谓可理解的文化生活的话语里得到表达，由此而打乱生理性别的二元分立结构，并且暴露它根本上的非自然性。还有什么其他的运用"非自然"的局部策略，可能同样导致社会性别的去自然化呢？

选自［美］朱迪斯·巴特勒：《性别麻烦：女性主义与身份的颠覆》，宋素凤译，上海三联书店，2009年，第186~194页。

3. 威尔·金里卡*：少数的权利

少数群体民族主义和移民融合

事实上，所有近期有关少数民族主义的争论都开始强调一点：现代化和全球化的理论家们没有预计到少数群体民族主义会生存下来并得以复兴。全球化被认为会消除少数民族的民族认同，被超国家的世界主义认同，或后民族的公民或宪法认同取而代之。这一预言已经被证明显然是错误的。如今大多数少数群体民族主义比以前更加强大，没有一点消退的迹象。相反，少数群体民族主义现今已经真正成为全球化的现象，存在于全世界每一个国家。

可是仍然有人否认少数群体民族主义与现代性能够相容共处，还有人把少数群体民族主义的表现看作是前现代主义价值观的回光返照，为最后抵抗必然的全球化潮流而进行的自卫战（如 Franck，1997）。但是我想，越来越多的人已经认识到，少数群体民族主义之所以得以存续和发展，是因为事实已经证明它可以很好地适应现代性，包容和满足现代化的需求和期望。事实上，

---

　　*　威尔·金里卡（Will Kymlicka，1962—　）加拿大政治哲学家，任加拿大女王大学哲学系教授，是西方为数不多的较早研究少数民族权利的学者代表。主要著作有：《自由主义、社群与文化》（1989）、《当代政治哲学》（1990）、《多元文化公民权》（1995）、《探索之路：反思加拿大的族裔文化关系》（1998）、《少数的权利》（2001）。

人们已经证实,少数群体民族主义是一种极为有效的手段,民族群体可以借此实现自己社会的现代化,并更加积极地加入到全球经济中来,加入到日益紧密的国际法和公民社会的网络中来。

当然,全球化的确对少数群体民族主义造成许多新的挑战,本章我将集中讨论其中的一个挑战:移民的影响。有关全球化的讨论通常集中于全球范围内货物和资金流动的迅速增加,以及观念的全球性传播。可是全球化还有一个较少为人提及的方面,即人的流动,尤其是经济移民数量的迅速上升。这个时代的确被称为"移民时代",即人们从相对比较穷的国家,或一国中的农村地区,移居到作为全球经济连接点的西方新生发展中城市(Castles and Miller, 1993)。

这些移民的出现对少数群体民族主义运动的影响是什么? 近年来出现了大量有关少数群体民族主义和移民的讨论。从这两种形式的族裔文化差异给自由民主制度的理论和实践带来的挑战中, 我们最终得到了许多重要的教训。不过,通常我们是单独讨论这两个题目,极少注意两者之间的互相作用。

……

移民多元文化主义和少数群体民族主义的冲突

正如我在第三章所讲的,现在西方出现了一种极为明显的趋势,即承认少数群体民族主义和移民多元文化主义两者的合法性。这是更大的自由文化主义运动的一部分。由于这两者都对传统的统一文化的"民族国家"模式提出了挑战,至少在理论层面上,它们往往被视为是同盟。它们都参与了新的认同政治,都在争取拓宽其公民得以表达自己的认同及多样性的空间,因此都赞同多元化和承认差别的原则。

然而从根本上讲,这两者的关系比这复杂多了。如前所述,全球化之势意味着不少多民族国家都曾经历了大量移民涌入少数民族聚居地(如魁北克、佛兰德、加泰罗尼亚、巴斯克大区和苏格兰）的过程，这引发了少数群体民族主义能否包容移民多元文化政策的问题。少数民族可以在自我概念中包含移民，并因此自身也变得具有"多元文化性"吗？

乍一看来，答案可能是否定的。少数民族和移民之间的关系在历史上总是充满了紧张气氛。大规模的移民通常被视为是对少数民族的威胁。首先，移民面临着融入主流文化的极大诱惑（这通常意味着更大的灵活性和更多的经济机会）。例如，许多到魁北克的移民如果有选择的机会，宁可学习英语，而不是法语。（当然历史上一直如此，直到后来魁北克政府为移民选择英语设立了许多障碍，使之变得很难实现。）一旦多民族国家中的移民选择融入多数民族群体，少数民族在人数上就会逐渐被超过，并在政治生活中沦为无权状态。而且，国家经常有意鼓励移民（或从国内其他地方来的移居者）到少数民族的传统聚居地定居，从而陷少数民族于泥沼且力量尽失，让他们即使在自己的历史领土上也只能成为少数。

而且，移民可以并且愿意融入主流社会这一事实，往往被当作坚持少数民族也应该融入主流的依据。多数民族经常提出，既然移民可以成功地归化，为什么少数民族不可以呢？既然移民都可以对大社会中温和的多元文化安排感到满意，不再寻求保持他们自己作为分立而独特的社会的自治权，为什么少数民族不可以呢？

另外，对于少数民族通常在为争取保持其独特的语言、文化和政治自治的多年（或几个世纪）斗争中所发展起来的"存续"精神，移民似乎也无法理解或分享。所以，即使移民真的学习少数群体的语言，并融入少数群体的社会，他们仍然不太可能支持进行民族主义动员。他们可能会加入少数民族，但不可能成为少数群体民族主义者。①

---

① 这就是魁北克如今的情况。通过本章后面所描述的政策，魁北克已经成功地将移民融入法语社会。而且，这些移民中大多数已经把自己看作"魁北克人"，感到对魁北克比对加拿大有更强烈的认同感。但即使是这些认同自己为"魁北克人"的移民也绝不可能支持独立，并在1995年的公民表决中压倒性地投票反对分离。

由于这些和其他原因，少数民族中出现了声言要对移民采取防备和排斥态度的趋势。结果，少数群体民族主义就往往采取"族裔"民族主义的形式，将血缘和世系关系放在首位，深刻仇外并且经常采取种族主义者态度，谋求禁止移民。

鉴于这样的历史，认为少数群体民族主义和移民多元文化主义应结盟共同追求更为多元化和包容的文化政治形式的思想，似乎有点古怪。少数群体民族主义，即使真想做什么，似乎也只是倒退回一种非现代的、非自由主义的民族主义形式，一种比西方国家提倡的民族主义和民族认同更难包容差异的形式，而不是在挑战或改变民族同一性的主张。

这种少数群体民族主义和族裔民族主义之间的联系如此强烈，以至于许多评论家都把少数群体民族主义看作是先天具有族裔排他性，因而与基于共同政治原则的"公民"民族主义先天地对立。例如，托马斯·弗兰克认为，少数群体民族主义是非自由主义和排他性的"部落"民族主义的形式，完全对立于自由主义和开放的美国和法国公民民族主义（Franck，1997）。同样，戴维·霍林格把少数群体民族主义与多元文化主义中非自由主义的"多元"形式等同起来，而"多元"形式就是把人在血缘的基础上进行分类，因而逻辑上等同于种族隔离（Hollinger，1995）。迈克尔·伊格纳季耶夫认为少数群体民族主义是由种族和血缘定义的"族裔"民族主义，因此与自由主义、民主、和平不一致（Ignatieff，1993）。这三位作者在许多方面都有分歧，但却都自动地把少数群体民族主义看作是基于血缘和种族的族裔民族主义，这一点的确令人震惊……

因此，对所有这些作者来说，少数群体民族主义对追求更为宽容和包容的政治共同体形式是一个障碍，而不是支持。它不是作为伙伴同移民一起建立新的后族裔或后民族民主制，而是为维持一种落后的族裔民族地位在作最后的抵抗。

　　……

由于我前面提到的历史上曾有过的紧张关系，把少数群体民族主义和族裔民族主义等同起来是可以理解的。但是我认为,假定少数群体民族主义本质上是族裔性质的,这本身是一个错误,远不足以说明西方的少数群体民族主义。

让我们来看一下魁北克。根据弗兰克的说法,现代少数群体民族主义具有强烈的仇外情绪,排斥所有不同于他们的人。而事实上,魁北克的移民政策极为积极:其人均移民数量基本上与美国相同。对移民的控制是魁北克民族主义者所要求并最终得到的权力之一,省政府管理自己的移民程序,积极地吸纳移民,而其中多数都并非白人。它吸纳全世界各个地方的移民,并将之作为建立其"独特社会"的途径之一。魁北克明白,由于出生率的下降和人口的老龄化,它需要移民来保持作为现代社会的地位。当然,魁北克政府鼓励移民学习法语,就像美国政府鼓励其移民学习英语一样。一旦他们真的学习了法语,就会被看作是魁北克社会的完全成员。①

当然,是否或如何归化移民的问题在魁北克也争议了许多年。不过,从20世纪70年代起采取的方法——称为"文化交流主义"——与许多西方国家的多元文化政策有些类似:它设法在共同的机构内承认和包容族裔文化认同和实践,遵从以下三条重要原则:

- 承认法语作为公共生活的语言。
- 尊重自由主义民主价值观,包括公民权和政治权利,以及机会平等。
- 尊重多元化,包括对别人的差异持开放和宽容的态度。

这三条原则构成了魁北克和移民间"道德契约"的基石,而"道德契约"又规定了归化的具体条款。②它们实际上与加拿大和澳大利亚的多元文化主义政策的基础原则是一致的,而这两个国家又普遍(而且正确地)被认为属于世

---

① 关于魁北克移民政策更为详细的评价,见 Carens,1995b。他辩道,魁北克的移民政策"更加合理,完全符合自由民主原则"。事实上,他在结论里这样说,它可能"成为其他自由民主社会学习的典范,尤其是欧洲,学习如何把强烈的民族认同感与对自由民主价值观的深切恪守结合在一起"。

② 有关三条原则和更一般的道德合约的明晰解说,见 Government of Quebee,1990。

界上最成功的移民多元文化主义的范例。①

　　按这种方法,移民不仅可以按相对容易的条件获得公民身份,而且受魁北克自己的"文化交流主义"政策所鼓励,他们可以接触其他族裔群体的成员,分享他们的文化遗产,并参与到共同的公共机制中。结果恰恰是在魁北克境内出现了霍林格所认可的那种流动性"世界主义"多元文化主义。(事实上,魁北克对种族间通婚的接受程度远高于美国。)魁北克民族主义者不但没有试图保持某种种族的纯洁性,反而积极地吸纳其他种族和信仰的人们来加入他们,融入他们,与他们通婚,并在魁北克共同建造一个现代、多元化的独特社会。

公民身份和民族认同

　　共同的政治原则显然有助于维护社会统一,而基本原则上的深层冲突也的确会导致内战。但仅有共同的原则这一点是不够的。整个西方对自由主义各种价值的认识越来越趋于一致,但与此同时,少数群体一直在要求自治,这种要求甚至越来越强烈。两个民族群体有共享同样的公正原则这一事实并不一定就是它们继续结合在一起的有说服力的理由,相反,它们可以分裂成两个独立的国家,因为每个民族群体都可以在其独立的国家中贯彻这些原则。②

　　因此,社会统一不仅要求有共同的原则,还要求有共同的归属感。公民必须有归属同一共同体的意识,并且有继续生活在一起的愿望。总之,社会统一要求一些公民同其他一些公民保持一致,并把他们看作"我们中的一

---

　　①　请比较有关澳大利亚和加拿大的多元文化主义的讨论。对加拿大多元文化主义和魁北克文化交流主义更详细的比较,见 Juteau et al,1998;Kymlicka,1998a,第四章。当然澳大利亚政策规定英语作为公共机构的语言,而加拿大联邦政策则规定英语和法语同样作为公共生活,因而也是学校教育和社会升迁的语言。

　　②　关于这个论点的深入探讨,参见 Norman,1995。关于共享的原则会确保社会统一这一观点的有关批判,参见 Paris,1991。

员"。共同的认同感有助于维持信任和团结的关系,而这些关系对于公民接
受民主决策的结果并接受自由主义公正的义务是必需的(Miller,1995)。

这种共同的民族认同的基础是什么?在非自由主义的国家中,共同的认
同普遍建立在共同的种族血统、宗教信仰和幸福观这些基础上。然而,在自
由主义国家,这些"基础"不能成为社会统一的基础,因为在现代多元化国家
中,这些"基础"没有一个是人们所共同具有的。那么,在自由主义国家中,什
么使公民感到他们属于同一个国家,他们是一个国家的成员呢?典型的回答
是,这与共同的历史感和共同的语言观有关。因为公民具有共同的语言和历
史,他们有相同的特定历史社会归属感;参与基于共同语言的共同社会和政
治机构,这些机构反映着共同的历史并且延续着这一历史;他们认为自己的
人生选择同这个社会及其机构在未来的存在密切相关。在这个意义上,公民
有一种共同的民族认同,然而在种族、宗教和幸福观方面却几乎没有什么共
同之处。①

这种对统一的民族认同的需要向公民教育提出了很多问题。我将集中
研究其中的两个。它们涉及语言和历史的讲授,并且两者对构建民族认同都
十分重要。

选自[加拿大]威尔·金里卡:《少数的权利:民族主义、多元文化主义和公
民》,邓红风译,上海译文出版社,2005年,第303~310页、第344~346页。

---

① 这是对自由主义国家中民族认同的性质、它在巩固政治稳定中的作用、诚信与团结之间的
关系等诸问题的一个简要描述。

版权说明

1. 本系列丛书所有选编内容,均已明确标明文献来源;

2. 由于本系列丛书选编所涉及的版权所有者非常多,我们虽尽力联系,但不能完全联系上并取得授权;

3. 如版权所有者有版权要求,欢迎联系我们,并敬请谅解。

本丛书编委会

(复旦大学马克思主义学院,上海,邮编200433)

2020 年春